Der Rheinauhafen

Ines Rakoczy
Mit Fotografien von Csaba Peter Rakoczy

KÖLNS NEUES WAHRZEICHEN

J.P. Bachem Verlag

Umschlagabbildung:
Der neue Rheinauhafen. Alt und neu liegen hier ganz eng beieinander. Zwischen silbern glänzenden Lüftungsschächten der Tiefgarage und den beiden Auslegern des südlichen Kranhauses lugt das Hafenamt hervor. Der Neorenaissance-Bau muss sich vor der Konkurrenz nicht verstecken.

Abb. im Umschlag hinten:
Das Kranhaus von der Südstadt aus gesehen. Es scheint, als legten ihm die Dächer einen roten Teppich aus. Im Hintergrund buhlt die Severinsbrücke im typisch kölschen Brücken-Grün um die Gunst des Betrachters.

Rechte Seite:
Sonnenanbeter finden auf der Terrasse des KAP am Südkai fast immer ein Plätzchen. Den Blick auf die eindrucksvolle Fassade gibt es gratis.

Bildnachweis: Alle Fotos von Csaba Peter Rakoczy, www.rheinauhafen-koeln.com, außer:
Fotomontage S. 61: modernes köln,
Lageplan im Umschlag hinten: © rincón2, köln.

Bibliografische Information Der Deutschen Bibliothek
Die Deutsche Bibliothek verzeichnet diese Publikation in der Deutschen Nationalbibliografie; detaillierte bibliografische Daten sind im Internet über http://dnb.ddb.de abrufbar.

1. Auflage 2010
© J.P. Bachem Verlag, Köln 2010
Redaktion und Lektorat: Martina Dammrat, Köln
Einbandgestaltung und Layout: Heike Unger, Berlin
Reproduktionen: Reprowerkstatt Wargalla, Köln
Druck: Grafisches Centrum Cuno, Calbe
Printed in Germany
ISBN 978-3-7616-2393-0

Mit unserem Newsletter informieren wir Sie gerne über unser Buchprogramm. Bestellen Sie ihn kostenfrei unter

www.bachem.de/verlag

Inhalt

Blick von oben auf den Mittelboulevard. Links die Wohnwer(f)t, rechts das Krafthaus, im Hintergrund die Südbrücke. Die Pflastersteine auf dem Boden stammen noch aus dem ehemaligen Hafen, wurden gereinigt und in Zement gegossen – damit sie im Falle eines Hochwassers nicht wegschwimmen.

F ragte man die Kölner noch vor kurzer Zeit nach den Attraktionen ihrer Stadt, nannten sie den Dom. Und den Rhein. Vielleicht noch die zwölf romanischen Kirchen und das RheinEnergieStadion. Aber den Rheinauhafen – den nannten sie fast nie. Denn der war hundert Jahre verbotene Zone: ein Gebiet, in dem Binnenschiffe be- und entladen wurden und die Bürger nichts zu suchen hatten. Auch dann noch nicht, als der Rheinauhafen nach dem Zweiten Weltkrieg seine Bedeutung mehr und mehr verlor und seine Aufgaben von den Anlagen in Deutz, Mülheim, Niehl und Godorf übernommen wurden.

Ab und zu nutzten Filmschaffende das verfallene Gelände als Kulisse. In Tatort, Eurocops oder SK Kölsch spielten hier Ganoven mit Polizisten Katz und Maus. Hier bezogen Kommissare ihre Film-Wohnungen, produzierte Friedrich Küppersbusch sein Trend-Magazin „Zak". Justus Bierich gründete in einer ausgedienten Lagerhalle seine Agentur für Mietmöbel, die Mode-Messe „Bread & Butter" nahm hier ihren Anfang. Letztlich aber lag der Rheinauhafen, dieses zwei Kilometer lange und 200 Meter breite Areal zwischen Severins- und Südbrücke, weiterhin im Dornröschenschlaf.

Wach geküsst wurde es ganz sachte 1992. Damals lobte die Stadt einen Ideenwettbewerb aus, wie man das Filet-Grundstück dauerhaft nutzen könne. Doch bis zum ersten Spatenstich sollten noch zehn Jahre und jede Menge Streit vergehen. „Wo sollen die Leute ihre Autos parken, wenn Hochwasser ist?", fragten besorgte Südstädter. „Kranhäuser? – Nicht mit uns!", schimpften andere und bangten um das Altstadtpanorama. Bürgerinitiativen bombardierten Politik und Bürger mit ihren Argumenten.

„Dann gab es Kölner, die aus der gesamten Hafenanlage eine Parklandschaft machen wollten", erinnert sich Franz-Xaver Corneth. Er ist Bereichsleiter Projektentwicklung bei der Häfen- und Güterverkehr Köln

AG (HGK). Ihr gehört das Gelände.

Mit einer Info-Box gegenüber
dem Hafenamt reagierten die
HGK und der Projektentwickler „modernes köln" auf die
Proteste und starteten eine
Öffentlichkeitsoffensive. Mit
Erfolg. Am 4. Juni 2002 gab
der damalige Oberbürger-
meister Fritz Schramma den
Startschuss für den Ausbau
des Rheinauhafens.

Realisiert wurde der Entwurf
der Büros BRT (Bothe Richter Teherani), Busmann und
Haberer, Linster, Schneider-

Wesseling und Abbing. „Er besticht durch eine wohl-
tuende Schlichtheit und strukturelle Eingängigkeit",
erklärt Ortwin Gönner, Geschäftsführer von „modernes
köln". Das Rückgrat bildet eine Achse, die sich vom
Schokoladenmuseum bis zum „KAP am Südkai" zieht.
Wie an einer Perlenschnur wechseln sich Gebäude und
Plätze ab. Um nicht in Konkurrenz zu den denkmalgeschützten Gebäuden zu treten, sind die neuen
Wohn- und Bürohäuser zwar modern, aber dennoch
von eher zurückhaltender Architektur. Signalwirkung
haben allein die Kranhäuser.

Auf 30 Baufeldern und 154 000 Quadratmetern entsteht Kölns neuestes Veedel. Ein Stadtteil mit Wohn-
und Geschäftshäusern, liebevoll sanierten Altbauten,
mit Galerien, Restaurants und einem Hotel. Obwohl der
neue Rheinauhafen erst 2012 ganz fertig sein wird,
haben Kölner und Touristen das neue Viertel am Rhein
im Sturm erobert. Mit diesem Buch möchten wir Sie
ein Stück des Weges begleiten, Ihnen etwas über den
Hafen, seine Menschen und die Gebäude erzählen.

Seit dem 14. Mai 1898 ist das Hafenamt mit seinem Uhren-turm eines der Wahrzeichen des Hafens. Unmittelbar dahinter, nur durch die Rhein-uferstraße getrennt, liegt das geschichtsträchtige Stoll-werck-Gelände. Wo einst Schokolade hergestellt wurde, entstanden Wohnungen für Jung und Alt, ein Bürgerhaus und Ateliers für Künstler.

Geschichte

Zwischen Rhein und Hafenamt liegt die Wohnwer(f)t. Im Parterre versorgte das „Leone" seine Gäste jahrelang mit leckeren Snacks. Bis sich Anwohner gestört fühlten und das Bistro ins Kranhaus Süd zog. Nun werden im Ex-„Leone" Haare geschnitten. „Rheinabschnitt" heißt der Laden.

W ürde es Köln heute geben, wenn die Stadt nicht am Rhein läge? Hätten die Römer dann hier ihre Zelte aufgeschlagen? Hätte sich Köln im Mittelalter zur bedeutendsten Handelsmetropole nördlich der Alpen entwickeln können? Wohl kaum. Die Erfolgsgeschichte Kölns – sie ist ganz eng mit der Entwicklung der Schifffahrt, dem Rhein und der Kirche verbunden. Erzbischof Rainald von Dassel war es, der 1164 die Gebeine der Heiligen Drei Könige als Kriegsbeute von Mailand über den Rhein nach Köln überführen ließ. Bis heute besitzen Köln und der Dom damit die wichtigsten Reliquien der christlichen Welt.

Daneben war es der Handel, der Köln Ruhm und Reichtum bescherte. Ob auf Segelschiffen oder Flößen – es waren die Schiffer, die ihre Waren nach Köln brachten und Tee, Kaffee oder Gewürze von hier in die Welt trugen. Ob Heringe oder Salz, Eisen oder Blei, Waffen oder Kölner Zwirn – in Köln wurden Waren umgeschlagen, wurde Geld verdient und Arbeit geschaffen. Festgemacht wurde überall am Ufer, auch im Bereich des heutigen Rheinauhafens. Erst mit Beginn der Dampfschifffahrt und dem Ausbau des Bahnnetzes werden Rufe nach einem größeren Hafen laut. 1892 beginnt der Bau des Rheinauhafens. Das Werthchen,

eine kleine, vorgelagerte Insel, die den Kölnern als Sommerfrische diente, wird zum großen Teil abgebaggert, eine neue Halbinsel geformt. Sie ist 720 Meter lang und 77 Meter breit. Zwischen ihr und dem Ufer entstand das neue, sichere Hafenbecken. Die Einfahrt führt bis heute unter einer Drehbrücke her. Sie stammt aus dem Jahr 1896, wurde im Krieg kaum zerstört. Die Technik zum Öffnen der Brücke befindet sich im Malakoffturm, bedient wird sie über einen Knopf im Schokoladenmuseum.

Als die Kölner am 14. Mai 1998 den hundertsten Geburtstag feiern, hat er längst ausgedient, haben die Planungen für die Zukunft schon begonnen. Wo vor Kurzem noch Waren umgeschlagen wurden und die Bürger keinen Zutritt hatten, ist ein neuer, pulsierender Stadtteil entstanden.

Der Hafen wie er früher war. Über die Drehbrücke führt der Weg aufs Hafengelände. Links ein Teil des ehemaligen Hauptzollamtes. Heute steht dort das Schokoladenmuseum. Im hinteren Bereich die Halle, in der nun das Sport- und Olympiamuseum beheimatet ist. Das Bild entstand kurz vor Fertigstellung des Rheinauhafens etwa 1895 vom Malakoffturm aus. Die Severinsbrücke gab es noch nicht.

Vom Hafenamt zum

KAP am Südkai

Zwischen Kranen und Lagerhäusern

Alt trifft Neu. Die Sonne spiegelt sich in der gläsernen Fassade des KAP am Südkai. Der
Kran davor erinnert an die in-
dustrielle Geschichte des Geländes.

Unsere erste Entdecker-Tour startet am Hafenamt am Harry-Blum-Platz. Sie führt an „Wohn-
wer(f)t" und „Siebengebirge" am Rhein entlang zum „KAP am Südkai". Von dort geht es auf dem
Mittelboulevard über den Elisabeth-Treskow-Platz und
am Bayenturm vorbei zurück zum Hafenamt. Sie dauert ohne Einkehr etwa zwei Stunden.

Der Harry-Blum-Platz mit dem Hafenamt

Ganz gleich, ob man mit dem Pkw anreist und die
Tiefgarageneinfahrt „Hafenamt" benutzt, oder zu
Fuß aus der Stadt zu unserem Treffpunkt spaziert –
das Hafenamt ist nicht zu übersehen. Am Ende des
Hafenbeckens steht das imposante Gebäude mit dem
markanten, quadratischen Uhrenturm. Ein frei ste-
hender Baukörper auf U-förmigem Grundriss: 32,38
Meter lang, drei Geschosse hoch, die Fassade aus
Backstein mit zahlreichen Zierelementen aus Sand-
und Tuffstein, Balkonen und Erkern.
Das Hafenamt ist architektonisch alles andere als ein
Kind seiner Zeit. Weil sich die Stadtväter bewusst
waren, wie sehr die neuen Hafengebäude das Stadt-
panorama verändern würden, lobten sie 1893 einen
Architektenwettbewerb aus. Die Häuser sollten sich
nicht nur einfügen, sondern auch an die vergangene
Blütezeit der Stadt erinnern. Adam Sesterhenn machte
schließlich das Rennen um den Bau von Hafenamt,
Krafthaus und Lokschuppen. Er wollte, dass seine Ge-

bäude an die romanische Zeit erinnern. Im Gegensatz dazu wurden die Lagerhäuser im gotischen Stil erbaut, das Hauptzollamt nach Plänen von Bernhard Below an der Spitze der Landzunge und mit dem preußischen Adler im Giebel im Stil der frühen Renaissance. Seine Reste sind heute im Schokoladenmuseum integriert.

Als das Hafenamt am 14. Mai 1898 eingeweiht wird, ist es weit mehr als nur Büro. Im Inneren befinden sich eine Poststelle sowie Wohnungen für den Hafendirektor, den Maschinenmeister und die Amtsdiener, außerdem Mansarden für weitere Bedienstete. Auf dem Dachboden sind Waschküche und Trockenspeicher eingerichtet. Besonders stolz ist man, dass die Räume nicht nur mit einer „centralen Niederdruck-Dampfheizung" versehen waren, sondern auch mit elektrischem Licht.

Rund 82 Jahre nach seinem Geburtstag, am 1. Juli 1980, wird das Hafenamt unter Denkmalschutz gestellt, zwischen September 1999 und November 2000 restauriert und um einen modernen Anbau erweitert. Eine Stahl-Glas-Konstruktion sorgt seitdem im Innenhof nicht nur für Licht, sondern auch für eine Verbindung von Alt und Neu. Der Entwurf stammt aus der Feder der Kölner Architekten Dörte Gatermann und Elmar Schossig. Heute ist das Hafenamt Verwaltungssitz der HGK.

Es könnte auch auf einer Piazza stehen: Das Hafenamt sieht aus wie ein Bau der italienischen Renaissance. Damit wollte Architekt Adam Sesterhenn an eine der Blütezeiten der Stadt erinnern. Das Gebäude diente nicht nur als Büro, sondern dem Hafendirektor auch als Wohnsitz.

Krafthaus

Gehen wir am Hafenamt entlang Richtung Rhein, sehen wir rechts ein weiteres Backstein-Ensemble: das Krafthaus. Auch dieses lang gestreckte Gebäude wurde von Adam Sesterhenn entworfen. In dem Gebäude waren eine Vielzahl von Elektromotoren und Pumpen untergebracht. Sie bereiteten das Druckwasser für den Betrieb der gesamten hydraulischen Anlagen im Hafengelände, vor allem für die Krane.

Während das Hafenamt von außen reich verziert ist, wirkt das Krafthaus beinahe spartanisch. Dafür barg und birgt sein Inneres den einen oder anderen Schatz. So waren die Wände des Maschinenraums mit zahlreichen Wandmalereien geschmückt. Sie wurden erst überpinselt und damit zerstört, als der Kraftraum in eine Schlosserei umgewandelt wurde. Bis heute erhalten ist hingegen die originale Hirnholzpflasterung (ein besonders widerstandsfähiger Boden, bei dem das Holz quer zur Maserung geschnitten wird und so die Jahresringe sichtbar sind) sowie Deckenpaneele mit Fischgrätmuster, die Eingangstür, zu der heute eine Brücke führt, und die doppelläufige Freitreppe mit dem original erhaltenen schmiedeeisernen Gitter. Bei einem schweren Hagelschauer wurde das Satteldach 1994 zerstört und erneuert.

Wie das Hafenamt steht auch das Krafthaus unter Denkmalschutz. Seit 1997 ist es Sitz der Kommunikationsagentur „facts+fiction". Zu einem Schmuckstück umgebaut wurde es von dem jungen Kölner Architekten-Team Ludger Bergrath und Ralf Extra.

Linke Seite: Atemberaubend ist der Sonnenuntergang, der sich in der Edelstahlhaut des Belüftungsschachtes spiegelt.

Auch das Krafthaus entwarf Adam Sesterhenn. Die zweifarbige Backsteinfassade und die auffallende Dachlandschaft prägen das Gebäude bis heute. Im Krafthaus wurde die gesamte Energie hergestellt, die für den Betrieb des Hafens nötig war.

Lokschuppen

Wo vor über hundert Jahren Presspumpen für Strom sorgten, rauchen heute die kreativen Köpfe von „facts+fiction", einer Kommunikationsagentur. Offene Treppen, Materialien wie Holz und Metall sowie schnörkellose Lampen passen perfekt zum Charakter des Gebäudes.

Eine große Hafenanlage ohne eigene Gleisanlage und Lokschuppen? Undenkbar! So wurden zum Rhein hin drei Eisenbahngleise verlegt, zum Hafenbecken hin zwei. Heute erinnert nur noch der Lokschuppen südlich des Hafenamtes und fünf unter Denkmalschutz stehende Krane an die Verladung der Güter vom Schiff auf die Schiene.

Wenn auch längst nicht so spektakulär wie Hafenamt und Krafthaus, bilden alle drei Gebäude zusammen doch eine einmalige Einheit. Sie haben den Krieg fast unbeschadet überstanden. Nur wer genau hinschaut, sieht, dass am Lokschuppen nicht mehr alles so passt wie früher. „Wegen des Hochwasserschutzes wurde der Boden auf dem gesamten Areal um 1,20 Meter angehoben", erklärt der langjährige Stadtkonservator Dr.

Werner Zawisla. „Seitdem schließt das Tor nicht mehr richtig."

Abgerissen wurde eine dem Schuppen vorgelagerte Wagenhalle, so dass die Fassade teilweise ergänzt werden musste. Auch hier wählte man, angelehnt an früher, Backstein mit farbigen Absetzungen. Im Innern wurde eine Decke eingezogen, die hölzerne Dachkonstruktion durch Metallträger und Zuganker verstärkt, die gläserne Firstgaube erneuert. Fenster wurden saniert, andere neu angefertigt.

Besonders wichtig war den Denkmalschützern der Erhalt von Gleisstücken, „um auch nachfolgenden Generationen die ehemalige Hafennutzung verdeutlichen zu können", so Zawisla. In Erfüllung ging der Wunsch nicht. Die Gleise landeten auf dem Schrott.

Mit 176 Metern eines der längsten Gebäude des Rheinauhafens: die Wohnwer(f)t. Auch die Rückseite ein Schmuckstück: Auf dem feinen, weißen Putz reflektieren die Sonnenstrahlen südländisch hell. Der Entwurf stammt vom Kölner Büro Bernd Römer und Partner.

Wohnwer(f)t 18.20

Vom Lokschuppen kehren wir zurück auf den Harry-Blum-Platz und gehen Richtung Rhein. Wir queren den Mittelboulevard, der hier Anna-Schneider-Steg heißt. Rechter Hand, auf den Baufeldern 18 und 20, sehen wir ein Gebäude – 176 Meter lang und weiß: die Wohnwer(f)t. Entworfen hat sie das Kölner Architektenteam Bernd Römer und Partner. Der hochwertige weiße Putz wirkt nicht langweilig, sondern edel. „Wir haben uns mit Rücksicht auf das Denkmal gegenüber mit der Gestaltung der Fassade zurückgenommen", erklärt Architekt Römer und führt näher an das Gebäude. Im Erdgeschoss sehen wir ein Ladenlokal mit großer Glasfront. Bis Sommer 2010 befand sich hier das „Leone". Hier schlürften

Die Wohnwer(f)t von ihrer Schokoladenseite. Wer hier wohnt, blickt auf den Rhein. Wie ein roter Faden ziehen sich glänzender Edelstahl und rostender Cortain-Stahl als Bauelemente durch den Rheinauhafen.

Bauarbeiter, Geschäftsleute und Touristen Latte macchiato, aßen Kuchen, Bagels, Ciabattabrötchen, Sandwiches & Co. Weil sich die Bewohner der Wohnwer(f)t durch den Betrieb zu sehr gestört fühlten, zog Inhaberin Simone Müller die Konsequenzen und eine Ecke weiter. Im Kranhaus Süd bewirtet sie ihre Gäste nun genauso liebevoll wie vorher.

Wer an der Wohnwer(f)t vorbei weiter bis zur Uferpromenade geht und dort rechts einbiegt, sieht das Gebäude von seiner Schokoladenseite. Wie in einem Setzkasten sind die 72 Wohnungen angeordnet. Mal horizontal, mal vertikal. Alle mit Rheinblick, allen vorgelagert großzügige Balkone. Gegen den Wind schützen verschiebbare Glaselemente. „Wer dort oben steht, fühlt sich wie auf einem Schiff", sagt Römer. „Man hält sich an der Reling fest und denkt, man blickt aufs Meer." Dass das Meer in diesem Fall Rhein heißt und gegenüber die Aurora-Mühle an alte Industriekultur erinnert – den meisten Bewohnern ist das egal. Nur einer beschwerte sich bisher offiziell, dass unter seinem Balkon ein Binnenschiffer festmachte. Doch auch der musste lernen, dass dies den Partikulieren durch ein Gesetz von 1874, die sogenannte Mannheimer Akte, erlaubt ist. Sie dürfen festmachen, wo sie wollen. Bis heute wollen das einige Bewohner nicht einsehen und bewerfen die Schiffer mit Eiern und Tomaten.

Verhindern will die HGK allerdings, dass die Binnenschiffer ihren Strom weiter mit dem schiffseigenen Dieselmotor produzieren, weil es nicht nur stinkt und laut ist, sondern auch in ganz erheblichem Maße zur Feinstaubbelastung beiträgt. 2008 hat die HGK deshalb entlang der Kaianlagen Steckdosen installieren lassen, aus denen es für die Schiffer Strom gibt. Zunächst sogar kostenlos.

Schlendern wir weiter an der Wohnwer(f)t entlang, sehen wir Bänke – groß und einladend. Sie dienen nicht nur zum Verweilen, sondern auch dem Hochwasserschutz. Wer genau hinschaut, erkennt die Schienen zwischen Bänken und Fassade, in die die mobilen Wände geschoben werden können. Schutz bieten sie dann bis zu einer Höhe von 11,40 Metern Kölner Pegel.

Spaziert man die Uferpromenade weiter Richtung Süden, sieht man, dass die Wohnwer(f)t aus zwei Häusern besteht. Wer mag, kann hier die Seite wechseln und sich das Ensemble von der Rückseite noch einmal ansehen. Uns führt der Weg weiter geradeaus. Es geht über große Betonplatten Richtung „Siebengebirge". Die Promenade ist breit genug für Fahrradfahrer, Fußgänger, Jogger und Skater. Nur am Wochenende wird es manchmal eng. Den Elisabeth-Treskow-Platz mit seiner Szene-Bebauung, der alten Bastion und dem ziegelroten Rheinkontor lassen wir rechts liegen. Auf dem Rückweg werden wir ihn genauer betrachten. Stattdessen gehen wir weiter Richtung Südbrücke.

Bild S. 16/17:
Ein ganz seltener Blick: von der Spitze des Bayenturms Richtung Südbrücke. Es sieht aus, als hätten sich die Dachkonstruktionen der denkmalgeschützten Gebäude zu einer Berglandschaft aufgetürmt. Gradlinig hingegen der Abschluss von Rhein³ (vorne links). Auf der obersten Etage befindet sich eine Dachterrasse für die Bewohner.

Kein Gebäude hat den Rheinauhafen so geprägt wie das Siebengebirge. Kaum hatte sich herumgesprochen, dass in dem alten Lagerhaus Wohnungen entstehen, waren sie auch schon verkauft. Kein Wunder, dass Investor Pandion von seinen Plänen Abschied nahm, einen Teil des Gebäudes zu Büros auszubauen.

Siebengebirge

Senfgelb leuchtet uns das nächste Gebäude entgegen: das Danziger Lagerhaus, im Volksmund wegen seiner sieben Giebel zur Stadt hin (zum Hafen sind es neun) besser als „Siebengebirge" bekannt. Erbaut wurde es 1909 von Hans Verbeek. Es ist

Blick von oben auf die berühmten Giebel des Siebengebirges, vom Dach des südlich angrenzenden Silo-Gebäudes aufgenommen. Nur wer genau hinsieht, bemerkt die nachträglich eingebauten Fenster. Sie sorgen für besseres Licht im Kern des Gebäudes. Im Hintergrund, direkt am Rhein, steht die Bastion.

einer der ersten Stahlskelettbauten in Deutschland und weit über die Grenzen Kölns bekannt. Fast hundert Jahre, bis zum Bau der Kranhäuser, galt das Siebengebirge als eines der Wahrzeichen des Rheinauhafens.

Eigentlich unglaublich, dass das Siebengebirge heute noch steht. 22 Meter ist das Gebäude tief, Licht bekam es nur durch relativ kleine Fenster im Osten und im Westen. Gerade mal zwei Treppenhäuser führten ins Dachgeschoss. Eine Nutzung als Wohngebäude war für viele Architekten undenkbar. Nur der Denkmalschutz verhinderte, dass die Bagger mit der Abrissbirne kamen.

Die Firma Pandion, ein Projektentwickler, der auf die einfühlsame Sanierung von denkmalgeschützten Gebäuden spezialisiert ist, nahm sich schließlich des Siebengebirges an. Zum Rhein hin wurden – in Absprache mit dem Denkmalschutz – nach Plänen des Kölner Architekten Professor Johannes Kister die Fenster vergrößert, Loggien eingebaut, Dächer mit (fast unsichtbaren) Velux-Fenstern in den Dachschrägen versehen. So entstanden alles in allem 138 Wohneinheiten mit Flächen zwischen 50 und 200 Quadratmetern.

Weil die Sonne einen Raum nur sechs Meter tief durchdringt, arbeiteten die Innenarchitekten mit Tricks. Reflektierende Farben und Tapeten wurden angebracht, Ankleiden und Gäste-WC in den weniger belichteten Bereichen untergebracht. Der Nachfrage hat dies trotz des Kaufpreises von rund 5 800 Euro pro Quadratmeter keinen Abbruch getan. So schnell waren die Wohnungen verkauft, dass sich Pandion entschied, Bereiche, die eigentlich Büros vorbehalten waren, ebenfalls in Wohnungen umzuwandeln.

Krane

Spätestens am Ende des Siebengebirges sieht man sie: die Relikte hundertjähriger Hafengeschichte, die Krane. Gleich vor dem Siebengebirge hat Halbportalkran Nummer 31a seine letzte Position bezogen. Direkt vor einer Wohnung und zunächst nicht gerade zur Freude des Bewohners. Er konnte sein Fenster nicht öffnen. Erst als der Denkmalschutz die Kürzung der Kranführungsschiene erlaubte, schloss der Mann Frieden – mit Kran und Denkmalschutz.

Vor dem Siebengebirge hat ein Relikt aus alter Hafenge-schichte seine letzte Position eingenommen: Halbportalkran Nummer 31a. Im Vordergrund steht die Moderne: zwei Later-nen, eigens für den Rheinauha-fen entworfen.

Die nächsten beiden Krane stehen wenige Meter weiter, am KAP am Südkai: Nummer 34, ein Halbportal-greifarm aus dem Jahr 1939 mit einer Tragkraft von fünf Tonnen. Dahinter der Gigant des Rheinauhafens: „Herkules", ein Schwerlastkran, der bis zu 30 Tonnen heben konnte, auf einem Betonsockel stand und sich um 360 Grad drehen ließ. Als Herkules Anfang des vorletzten Jahrhunderts seinen Dienst aufnahm, waren sechs Arbeiter nötig, um ihn zu bedienen. Über Hand-kurbeln setzten sie ein Spezialgetriebe in Bewegung, mit dessen Hilfe die schweren Lasten gehoben werden

Ganz im Süden, neben dem bekannteren Herkules, steht dieser Kran: namenlos, aber ebenfalls liebevoll restauriert und unter Denkmalschutz. Hergestellt wurde er im Jahr 1937 von der Firma Demag. Seine Tragfähigkeit betrug fünf Tonnen.

konnten, bis auch Herkules einen elektrischen Antrieb erhielt.

Die prominenteste Last war 1924 die berühmte Dom-Glocke, der „Decke Pitter". Auf dem Wasserweg war der 24-Tonnen-Koloss vom Herstellungsort Apolda in Thüringen nach Köln gebracht worden. Mit Hilfe von Herkules wurde er im Rheinauhafen umgeladen und schließlich in den Dom gebracht.

Bis in die 1980er Jahre tat Herkules seine Dienste. Als ältester erhaltener Kran im Rheinauhafen wurde er nicht verschrottet, sondern unter Denkmalschutz gestellt und 1996 sorgfältig restauriert. Von einst über 40 Kranen erlebten diese Wertschätzung gerade sechs. Wir gehen weiter. Dem senfgelben Siebengebirge folgt das rote Silo 23. Noch so ein todgeweihter Kandidat.

Silo 23

Dass im Frühsommer 2008 im „Silo 23" eine Brasserie ihre Türen öffnen konnte, grenzt an ein Wunder. Noch im Juni 2002 hatte ein renommierter Bauingenieur für den Abriss des Gebäudes, das bis 1998 als „nationaler Notfallspeicher für die Getreideversorgung" gedient hatte, plädiert und die Stadt die Genehmigung erteilt. In der Begründung hieß es: „Das Silo wurde als monofunktionales Gebäude geplant und gebaut. Dieser Bautypus ist wirtschaftlich und auch konstruktiv absolut ungeeignet, in einen Geschossbau für eine Büronutzung oder ähnliches umgebaut zu werden."

Zwei Gründe waren ausschlaggebend, dass das Silo heute noch steht. Bei einem Abbruch fürchteten Experten um das benachbarte Siebengebirge. Dann kam ein mutiges Investoren-Team aus Kreissparkasse Köln, LEG Standort- und Projektentwicklung sowie dem Düsseldorfer Projektentwickler Development Partner AG und wagte, was keiner für möglich gehalten hatte: den Umbau des Silos zu einem Bürogebäude.

Mit dem Kölner Architektenteam Kister, Scheithauer und Gross überlegten sie, wie man den Pfahlbau aus Eisenbeton mit dem auffälligen „Helm"-Dach doch noch nutzen kann. Schon die Maße waren eine Herausforderung: 22,43 Meter breit, 22,40 tief, 45,20 hoch. Zudem gab es keine Fenster und im Innern 28 Meter hohe Silotrichter – alles ohne eine einzige waagerechte Unterteilung.

Mit Dynamit wurde der Beton teilweise gesprengt, Zwischendecken eingezogen, Öffnungen in die Fassade

Ein Wunder, dass es noch steht: das Silo 23. Das Kölner Architekten-Team Kister, Scheithauer, Gross bewahrte den ehemaligen Getreidespeicher in letzter Sekunde vor dem schon genehmigten Abriss. Fenster bekam er erst mit der neuen Nutzung. Die Rahmen wurden auf die Fassade aufgesetzt.

geschnitten und Fertigbetonteile als Fensterkonstruktion aufgesetzt. So entstand ein Gebäude, das seinen Besuchern weit mehr als einen ungewöhnlichen Blick auf sehr dicke Mauern aus Beton bietet: Über dem Restaurant entstanden zwölf Etagen mit 4000 Quadratmetern Bürofläche. Und an der Fassade ein Blickfang: eine Schütte. Zwar nur ein Nachbau, weil die alte durchgerostet war, aber immerhin. Leider ging das Restaurant-Konzept nicht auf. Doch die Brauerei ist zuversichtlich, bald einen neuen Betreiber für das Haus mit dem außergewöhnlichen Ambiente und der schönen Rhein-Terrasse zu finden.

ECR

Ganz oben im Silo 23: überall Fenster. Doch Halt. Nicht alle sind echt. In den Dachschrägen sorgen fenstergleiche Lampen für die optische Täuschung. Kunst aus Stahl: Hier rücken denkmalgeschützte Südbrücke und modernen Segelleuchten eng zusammen (unten).

Rechte Seite: Blick durch die Jalousie der Döres AG auf Südbrücke und Rodenkirchener Autobahnbrücke.

Haben wir das Silo hinter uns gelassen, nähern wir uns im Sauseschritt dem Ende des Hafens, dem KAP am Südkai. Nur ein Gebäude trennt uns noch davon, das sogenannte ECR, das Event Center Rheinauhafen. Lange bevor der Umbau des Rheinauhafens beschlossen war, fanden hier Veranstaltungen statt. Das Architektur- und Designforum „Plan" zum Beispiel, aber auch Erotik-Messen. Das Kölner Büro Felder hat dem Gebäude eine moderne Fassade gegeben, das Innere heutigen Anforderungen angepasst. Geblieben ist die Aufteilung: ein fünfgeschossiges Gebäude mit vier bis fünf Meter hohen Decken, das man für Ausstellungen, Veranstaltungen und Events mieten kann. Die Investitionskosten betrugen 13 Millionen Euro.

KAP am Südkai

Das Kölner KAP – ein Glaspalast, erbaut von den Kölner Architekten KSP Engel und Zimmermann und der Düsseldorfer Immobiliengesellschaft Primus. 130 Meter ist das Gebäude lang, besteht aus einem Flachbau mit fünf Geschossen und einem weit sichtbaren, 40 Meter hohen Hochhaus. 35 Millionen Euro hat der Komplex gekostet. Er bildet den Abschluss des Rheinauhafens und ist weit mehr als ein Bürogebäude. Beinahe das gesamte Erdgeschoss dient als Präsentationsfläche. 2007 hatten neun Firmen hier ihre Showrooms, veranstalteten Diskussionen oder andere Events. Im Weitesten beschäftigen sich alle

Das KAP am Südkai – die meisten Leute kommen hierher, um gut zu essen, Sonne zu tanken und das Rheinpanorama zu genießen. Doch im Haus wird auch gearbeitet. Ganz oben hat die Döres AG ihren Sitz. Während unten die Binnenschiffe vorbeituckern, entwickelt hier Ulrich Döres und sein Team neue Ideen für die Telekommunikationsbranche.

Nutzer mit dem Thema Architektur, Technik und Design. So wie Andreas Grosz. Er ist Kommunikationsfachmann und ehemaliger Geschäftsführer der Expo 2000 in Hannover. Im KAP am Südkai hat er das „Kap Forum" gegründet, ein Treffpunkt für Menschen, die sich mit Architektur, Stadtplanung und verwandten Themen befassen. Hier hob er im Sommer 2007 „RheinDesign" aus der Taufe, eine Veranstaltung, auf der sich eine Woche lang junge Kreative an ganz unterschiedlichen Orten über ganz unterschiedliche Themen austauschten. Zur Eröffnung strömten weit über tausend Gäste ins KAP Forum, hauchten dem damals noch etwas verschlafenen Rheinauhafen Leben ein. Sie tanzten auf der Promenade, plauschten auf den Stufen, tranken Kölsch und Wein auf der Terrasse –

fast so, als wäre hier und nicht ein paar Meter weiter die KAP-Gastronomie.

Weiter geht's, die Stufen hinauf am Gebäude entlang. Der Weg führt direkt auf den neuen Lieblingsplatz vieler Kölner: die Terrasse des KAP am Südkai. Sie anzusteuern ist ein Muss. Im Gegensatz zur Uferpromenade, die ab mittags im Schatten liegt, scheint uns hier die Sonne bis in den Abend. Auf gemütlichen Teakbänken, mit Blick auf Rhein, Südbrücke und Herkules, lässt sich das Warten auf Kaffee, Kuchen oder Deftiges bestens überbrücken.

Im Inneren des KAP warten eine Bar und ein Restaurant in postmoderner Sachlichkeit auf Gäste. Wer es gemütlicher mag, lümmelt sich in der Lounge in einen der großen Ohrensessel, trinkt und entspannt. Mit Ausnahme der KAP-Bar kann man Restaurant und Lounge auch mieten.

Über dem Gastro-Bereich liegen Büros, 18 000 Quadratmeter insgesamt. Das auffallende Rot des Gebäuderückens setzt sich fort, bis hoch auf die Dachterrasse, und ist von Weitem gut erkennbar. Dahinter liegen Treppenhaus und Aufzüge.

Ganz oben im Turm residiert die Firma Döres, ein Beratungsunternehmen für die IT-Branche. Wer hier Einzelbüros sucht, sucht vergebens. Auch Festnetzanschlüsse und Computer gibt es kaum. Die hundert Angestellten sind meist unterwegs. „Ihr Büro besteht aus Handy und Laptop", sagt Firmenchef Ulrich

Sie gehören einfach zusammen: der Rhein, die Kaimauer und die Fassade des KAP am Südkai. Kein Wunder, dass hier Schiffer gerne einen Stop einlegen. Nicht immer zur Freude der Anlieger.

Vom Mittelboulevard betrachtet, fällt der rote Rücken auf, der sich vom Erdgeschoss bis zum Dachgarten zieht.

Döres. Gemietet hat er die Etage trotzdem. Nicht zuletzt, weil er die Aussicht liebt. Von hier hat der Chef neben Dom und Rhein sogar den Posttower in Bonn im Blick. Über seinem Büro ist nur noch die Dachterrasse. Sie ist im Sommer ein Treffpunkt der Mitarbeiter, steht aber auch allen Mietern zur Verfügung.

Die Außenanlagen

Wir verlassen das KAP und werfen einen Blick Richtung Südbrücke auf den Spielplatz. Für die Kinder des neuen Veedels wurde er mit Ballfeldern und viel Platz zum Toben angelegt. Noch liegt er meistens brach: Kinder gibt es im Rheinauhafen kaum und der Weg aus der Südstadt über die Rheinuferstraße ist für die Südstadt-Pänz zu gefährlich. Schon bald soll eine Anlage für Skater hinzukommen, die die Domplatte entlasten soll.

Über den Mittelboulevard, hier heißt er Agrippinawerft, schlendern wir an der Rückseite des KAP zurück nach Norden, Richtung Elisabeth-Treskow-Platz. Statt Asphalt bilden Betonplatten und Pflastersteine den Untergrund. „Die Steine stammen noch aus dem alten Hafen. Sie wurden einzeln gereinigt und während der Bauzeit unter der Südbrücke zwischengelagert", erklärt HGK-Projektleiter Franz-Xaver Corneth. Damit sie auch bei Hochwasser nicht weggespült werden, wurden sie einzementiert.

Linke Seite: Treppenhaus des Kranhauses und Severinsbrücke in der Abenddämmerung.

Wer entspannen will, ist hier richtig. Bequeme Ohrensessel und schummrige Beleuchtung in der KAP-Lounge.
Für den Hafen entwickelt: die Holzbänke. Die Schrauben auf der vorderen Leiste sollen Skater abhalten, sie für ihre Akrobatik zu missbrauchen.

Ein ganz seltener Anblick: Bäume im Rheinauhafen. Es gibt sie nur auf dem Elisabeth-Treskow-Platz und hier, zwischen KAP und Südbrücke – weil Bäume und Hafen nicht zusammenpassen, so die Philosophie des Entwicklers. Da die Bebauung hier zu Ende ist, bleibt viel Platz zum Flanieren, Skaten oder Fahrrad fahren. Als Belag dienen Beton-Platten im XXL-Format. Nicht im Bild, aber gleich nebenan: ein Spielplatz. Mit Spielfeldern und viel Platz zum Toben.

Wer im Rheinauhafen Bäume sucht, wird weitgehend enttäuscht. Ein paar Beete sind mit Hecken eingefasst, mehr nicht. „In einem Hafen gibt es keine Bäume", sagt Corneth. Beste Bedingungen zum Wachsen fänden sie auf dem Dach der Tiefgarage so oder so nicht vor. Lediglich entlang der Rheinuferstraße hat die HGK Bäume gepflanzt. Schon als Setzlinge für wenig Geld gekauft, wurden sie 2008 als stattliche Exemplare angeliefert.

Im Hafen selbst sorgen Buchskugeln und Hortensien für Grün. Sie wachsen in großen grauen, viereckigen Kübeln. Wie die gesamte Außenanlage entstammen auch sie den Plänen der Düsseldorfer Landschaftsarchitekten Fenner Steinhauer Weisser FSW. Von ihnen wurden die großen Bänke (die dicken Schrauben an den vorderen Kanten sollen Skater abhalten) ebenso entwickelt wie die markanten Segelleuchten, die Platten aus rostendem Cortain- oder die Geländer aus nicht rostendem Edelstahl. Auch die filigranen Fahrradständer. „Wir wollten, dass die gesamte Hafenanlage eine Einheit bildet", betont Corneth. Das Unterfangen ist gelungen. Wenn es auch dem ein oder anderen etwas betonlastig erscheint.

Gehen wir weiter, sehen wir die Rückseiten von ECR und Siebengebirge. In den Erdgeschossen haben sich Architekten niedergelassen und Firmen ihre Showrooms eingerichtet. Wer ausgefallene Wasserhähne, Waschbecken oder Wannen sucht, wird hier fündig. Im Siebengebirge hat Pandion nach dem Umzug aus Bonn eine Heimat gefunden.

Gleich gegenüber, zur Rheinuferstraße gelegen, entsteht eines der letzten Gebäude im Rheinauhafen. Auf fünf Etagen bebaut die Günther Fischer Baubetreuung GmbH das Baufeld 24 für die private „Fachhochschule für Oekonomie & Management" mit einem fünfgeschossigen Gebäude mit 1500 Quadratmetern Nutzfläche. Die Kosten belaufen sich auf fünf Millionen Euro. Eröffnung soll im Sommer 2011 sein.

Wenden wir uns wieder dem Siebengebirge zu. Auffällig ist die Stufe, die zu den Gebäuden führt. Obwohl Hindernis für Rollstuhlfahrer, wollten HGK und Denkmalschützer darauf nicht verzichten. Sie soll an die Rampensituation im ehemaligen Hafen erinnern. Von dort wurden die Waggons be- und entladen.

Langsam steuern wir auf den Elisabeth-Treskow-Platz zu. Viele sagen, es ist der schönste Platz im Rheinauhafen. An der Ecke vor dem Platz sehen wir ein rotes Gebäude, das Rheinkontor.

Nicht nur Architekten und Galeristen haben sich im Rheinauhafen niedergelassen. Firmen nutzen die spektakulären Gebäude auch, um ihre Showrooms einzurichten. Wie der türkische Sanitärhersteller VitrA Bad GmbH. Wer eine ausgefallene Badewanne, ein modernes Waschbecken oder einen edlen Wasserhahn sucht, wird hier bestimmt fündig. Und das gilt nicht nur für die Bewohner des Rheinauhafens.

Durch einen Rest der Stadt-mauer fotografiert: ein roman-tischer Blick in den Hafen – zu sehen sind nur alte Gebäude.

Ein Schmuckstück mit meter-dicken Mauern: die Bastion. Früher diente sie der Verteidi-gung, heute ist sie Heimat einer Goldschmiede.

Rheinkontor

Wie das Siebengebirge wurde auch das Rhein-kontor 1909 erbaut, es steht ebenfalls unter Denkmalschutz. Auffällig ist nicht nur die ziegelrote Farbe, sondern auch die Asymmetrie. Ihm fehlt eine Ecke. Sie musste ausgespart werden, weil hier die Gleisanlagen unmittelbar an der Hauswand entlang-führten.

Auf einem mächtigen Sockel ruht das Erdgeschoss. Im südlichen Bereich sind Büros, zum Platz hin ein Re-staurant. Auf 300 Quadratme-tern bietet das „Limani", zu Deutsch Hafen, in edlem Am-biente moderne griechische Küche. Wer möchte, kann sich überzeugen, dass man Zaziki auch mit Roter Beete zuberei-ten kann und Souflaki aus Kalbfleisch. Das alles gibt es zu moderaten Preisen und im Sommer auch auf der Terrasse. Gemütliche Lounge-Möbel la-den bei schönem Wetter zum Verweilen auf dem Platz. Rhein-blick immer inklusive.

In der ersten Etage des Rhein-kontors befinden sich weitere Büros, darüber, auf 300 Qua-dratmetern fünf luxuriöse Mai-sonette-Wohnungen mit Dach-loggien. Verlässt man das „Li-mani" und wendet den Blick nach rechts Richtung Rhein, sieht man ein schnuckeliges weißes Häuschen, die Rhein-bastion.

Rheinbastion

Auch wenn das Gebäude von außen beinahe zierlich anmutet, so ist die Bastion doch ein Haus von Gewicht, ihre Mauern und Fundamente sind aus meterdicken, bombensicheren Betonschichten gegossen. Denn die Bastion diente ab 1891 – genauso wie die Bastei ein Stück rheinabwärts – der Verteidigung der Stadt. Bis 1911 lagerten in ihr schwere und leichte Geschütze, „um im Ernstfall die Sicherung des Rheinstroms zu gewährleisten". 1912 wurde das Gebäude vom Militär zur Umnutzung frei gegeben und in den 1930er Jahren um- und ausgebaut, 1939 von der Wasserschutzpolizei bezogen. Seit 1999 wird die Bastion von der Gold- und Silberschmiede Slabohm & Mertens als Werkstatt, Ausstellungsfläche und Wohnung genutzt. Was auch die Namensgeberin des Platzes, Elisabeth Treskow, freuen dürfte. Sie war eine berühmte Kölner Goldschmiedin (1898–1992). Und auch darüber hätte sich Frau Treskow bestimmt gefreut: Seit Sommer 2010 locken nicht nur funkelnde Edelmetalle die Kundschaft an. Im Erdgeschoss verkauft Frau Mertens Bio-Eis. Die köstliche Schleckerei bereitet für sie exklusiv ein Dresdener Konditor zu.

Schräg gegenüber der Bastion steht der 23 Meter hohe „Leuchtturm", eine Skulptur des Kölner Künstlers Lutz Fritsch. Dahinter Rhein³ mit seinen großen Südbalkonen.

Der Leuchtturm

Wenden wir nun den Blick um 180 Grad, sehen wir ein 23 Meter hohes Stahlrohr, auf dessen Spitze sich ein 3,20 mal 3,20 Meter großes Quadrat im Wind dreht. Die eine Seite ist in leuchtendem

**Vorherige Doppelseite:
Die Wohnwer(f)t spiegelt sich
in der goldenen Fassade des
Kontor 19 wider.**

**Noch eine Spiegelung: In der
großen Scheibe von Rhein³
blickt man auf die Bastion.**

**Mittelalter und Neuzeit treffen
aufeinander. Steinern sind die
Fassaden immer noch.**

Rot lackiert, die andere in Grün. Es braucht nicht viel Fantasie, sich bei diesem Kunstwerk einen Leuchtturm vorzustellen. Lutz Fritsch, den Künstler selbst, erinnert sein Werk aber auch an die Takelage der alten Rheinschiffe, die auf dem Topp des Mastes ihre Fahne hatten, um so immer sehen zu können, woher der Wind weht.

Der Standort der Skulptur ist nicht zufällig gewählt. Er markiert den Punkt, an dem sich der Ubierring, Teil der sogenannten Kölner Ringe, die den Verlauf der ab 1881 niedergelegten mittelalterlichen Stadtmauer spiegeln, und der Hafen treffen.

Lässt man den Blick ein Stückchen weiter über den Platz schweifen, sieht man Bäume. Es sind die einzigen im Rheinauhafen. Zwischendrin glänzt ein dickes Rohr aus Edelstahl: keine Kunst, sondern Technik zur Belüftung der Tiefgarage. Hinter den Bäumen steht, ein bisschen wie auf einem Podest, das nächste Haus: Rhein³.

Rhein³

Schon die Lage des Gebäudes lässt sich kaum toppen. Kein Neubau steht näher am Rhein als dieser. Keiner hat mehr Fläche Richtung Süden. Fast skulptural wirkt die Sandsteinfassade mit dem lichtdurchfluteten Treppenhaus. Seinen ganz besonderen Charme entwickelt Rhein³, entworfen von den Kölner Architekten Esser und Hellriegel, aber am Abend, wenn die Fenster zum Platz beleuchtet sind. 15 Eigentumswohnungen befinden sich in dem Gebäude, das die Kölner HPJ Bauträger GmbH erstellte. Alle sind individuell ausgestattet, keine kleiner als 120 Quadratmeter und alle mit Loggien. Allen Eigentümern steht zudem ein großzügiger Dachgarten zur Verfügung.

Gehen wir ein Stückchen weiter den Mittelboulevard Richtung Norden, nähern wir uns Home4. Der Bau entstammt – wie die Kranhäuser – der Feder des Hamburger Star-Architekten Hadi Teherani und seinem Büro BRT Architekten.

Home4

Wie die Wohnwer(f)t erinnert auch dieses Haus ein bisschen an einen Setzkasten. Der Eindruck entsteht, weil es sich aus verschiedenen Modulen zusammensetzt. Während das Erdgeschoss für vier Gewerbeeinheiten reserviert ist, sind die fünf oberen Etagen dem Wohnen vorbehalten. Die 25 höchst unterschiedlichen Wohnungen zwischen 78 und 210 Quadratmetern – mal auf einer, mal über mehrere Etagen gehend – sind alle luxuriös mit Travertinböden, feinstem Parkett oder nach individuellen Wünschen gestalteten, per Hand gefertigten Teppichen ausgestattet. Dazu kommen Grastapeten, Natursteinwände aus Muschelkalk und raumhohe Türen aus Zebranoholz. Dieses dekorative, von dunkelbraunen Streifen durchzogene Holz stammt aus Westafrika. Es ist relativ hart und doch elastisch und daher besonders witterungsfest und beständig gegen Pilz- und Insektenbefall.

Schauen wir Richtung Rheinuferstraße, sehen wir ein weiteres Bürogebäude, es entstand im Baufeld 21.

Für viele ist er der schönste Platz des Rheinauhafens: der Elisabeth-Treskow-Platz, benannt nach einer berühmten Kölner Goldschmiedin. Die Abendsonne färbt die Kanten der Fassade von Rhein³ in zartes Rosé. Vor dem Gebäude steht eine moderne Segelleuchte. Auch sie wurde eigens für den Rheinauhafen entworfen. Genauso wie der Lüftungsschacht für die Tiefgarage. Er ist ganz aus Edelstahl.

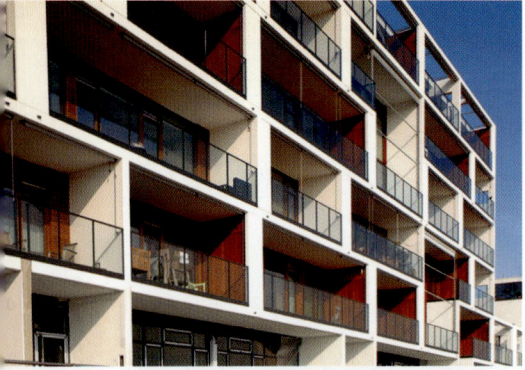

Noch ein Gebäude des Hamburger Architekten Hadi Teherani. Nach den spektakulären Kranhäusern eher zurückhaltend: das Wohnhaus Home4.

Die Fassade des Baufelds 21 vom Wasser aus gesehen. Fast ein wenig streng, doch farbige Fensterrahmen sorgen für Heiterkeit.

Baufeld 21

Das Gebäude liegt an der Rheinuferstraße und „orientiert sich durch respektvolle Reduzierung der Baumasse zum historischen Bayenturm", erklärt der Architekt, Prof. Ulrich Coersmeier. Zur Rheinuferstraße bietet eine Ziegellochfassade Schutz vor Schmutz und Lärm. Damit die Nebenkosten kalkulierbar bleiben, wird das Haus mit regenerativen Energien betrieben. Gläserne Akzente setzt der Architekt sowohl zum Hafen als auch zum Ubierring. Nicht nur Bürohaus, sondern auch Treffpunkt soll das Gebäude sein.

Im Erdgeschoss bietet „Bona'me" moderne türkische Küche. In dem Self-Service-Restaurant stellt sich der Gast aus zahlreichen Zutaten sein Lieblingsgericht zusammen. Zubereitet wird alles frisch vor den Augen der Gäste. Wer nicht zuschauen möchte, setzt sich an seinen Tisch, drinnen oder draußen. Vom Koch bekommt er ein Vibrationshandy, das ihn informiert, sobald das Essen fertig ist und er es abholen kann. In den oberen Etagen, mit je 800 Quadratmetern Fläche, hat die Anwaltskanzlei Lutter ihre Büros bezogen. Unter dem Gebäude führt eine Zufahrt direkt in die Tiefgarage. Der Haupteingang liegt, wie bei allen anderen Gebäuden auch, am Mittelboulevard.

Von dort gehen wir nach Norden Richtung Hafenamt und erreichen im Nu einen kleinen Platz mit einem großen Turm: dem Bayenturm, auch bekannt als Frauenmediaturm, weil hier das feministische Archiv untergebracht ist und von hier Emma-Gründerin Alice Schwarzer Männern zeigte, was Frauenpower ist.

Bayenturm

Manche sagen, er ist das Herz des Rheinauhafens: der Bayenturm, seit fast achthundert Jahren eines der Symbole für die Wehrhaftigkeit der Stadt und ihrer Bürger. Erbaut wurde der Bayenturm zwischen 1180 und 1250 von der Kölner Bürgerschaft. Er war Teil der acht Kilometer langen Schutzmauer rund um Köln, die von insgesamt zwölf Torburgen unterbrochen war. Der wichtigste Turm war der Bayenturm. Er lag am Schnittpunkt von Rheinufermauer und landseitiger Stadtmauer und diente nicht nur dem Schutz vor Angriffen, sondern auch der Überwachung des Treidelbetriebes (bis zur Erfindung des Dampfschiffs wurden die Schiffe rheinaufwärts von Pferdegespannen gezogen).

Steine aus Basalt und Tuff bilden den quadratischen Sockel des Bayenturms. Darauf entstanden zwei achteckige Obergeschosse aus Tuffstein mit einem Zinnenkranz als Abschluss. Über eine Million Steine wurden verbaut.

Schon kurz nach Fertigstellung wollte der Klerus den Bürgern Stadt und Turm streitig machen. Als Erzbischof Engelbert von Falkenburg 1262 erst die Stadt und dann den Bayenturm erobert hatte, ließen sich die Bürger dies nicht gefallen. Mit ihrem neuen Schlachtruf „Kölle Alaaf", Köln voran, sollen sie den Turm gestürmt und den ungeliebten Geistlichen verjagt haben. 1288, nach der Schlacht von Worringen, vertrieben

Der mittelalterliche Bayenturm, mächtigster Turm der ehemaligen Stadtmauer. Original ist nur der untere Teil. Der obere wurde im Zweiten Weltkrieg zerstört und erst 1988 wieder aufgebaut. Seit 1994 wird er vom Feministischen Archiv und Dokumentationszentrum genutzt. Lange hatte hier auch die Frauenzeitschrift Emma von Alice Schwarzer ihren Sitz.

Auch abends ein Augenschmaus: Bayenturm und Kontor 19. Die Fassade ändert ihre Farbe mit den Lichtverhältnissen, harmoniert aber immer perfekt mit der von Bayenturm und Krafthaus.

die Kölner die Geistlichen als Stadtherren endgültig und blieben bis zum Ende des 18. Jahrhunderts Freie Reichsstadt.

Jahrhundertelang blieb der Bayenturm eines der Wahrzeichen der Stadt. Keine Karte, keine Abbildung mit Rheinblick, auf der er fehlte. 1891 übergaben die Preußen den Turm an die Stadt: Für das Militär hatte er ausgedient.

Die Stadt ließ das angrenzende Gefängnis abreißen, der Bayenturm wurde nach Plänen des damaligen Baurats Josef Stübben instand gesetzt. Das Rautenstrauch-Joest-Museum benutzte ihn als Außenstelle, bis er im Zweiten Weltkrieg fast vollständig zerstört wurde. Vierzig Jahre ragte die 20 Meter hohe Ruine in den Himmel.

Erst 1988, siebenhundert Jahre nach der Schlacht von Worringen, beginnt der Wiederaufbau des Bayenturms nach den erhaltenen Plänen von Josef Stübben. Den Innenausbau übernehmen die Kölner Architekten Dörte Gatermann und Elmar Schossig. Im alten Gewand entsteht ein moderner Kern mit Aufzug, integrierten Regalen und Büros. Für Tageslicht sorgt ein „Himmelsauge" im Dach des begehbaren Turms. Dem ursprünglichen Plan, den Turm der Südstadt-Jugend als Probenraum zur Verfügung zu stellen, erteilte der Rat kurz vor Baubeginn eine Absage. Den Zuschlag bekam das Feministische Archiv und Dokumentationszentrum mit seiner Chefin Alice Schwarzer. Vielleicht auch, weil das Land das einmalige Projekt mit 4,4 Millionen DM fast komplett finanzierte.

Lassen wir den Bayenturm zurück und blicken Richtung Rhein. Auf dem Boden erkennen wir ein Dreieck. Es ist der Rest der Ark, einer Verteidigungsanlage, die dem Bayenturm vorgelagert war. Sie wurde bei der großen Hochwasserkatastrophe von 1874, während der sich Eisschollen auf dem Fluss meterhoch auftürmten, vollständig zerstört. Geradeaus sehen wir die

Rückseite der Wohnwer(f)t. Am südlichen Ende hat der Galerist Heinz Holtmann seine Zelte aufgeschlagen, bietet Beuys, Burges, Noël, Polke und andere zum Kauf an. „Ich bin vom Hafen so überzeugt, dass ich einen langfristigen Mietvertrag unterschrieben habe", sagt Holtmann. 2010 eröffnete er sogar eine zweite Galerie. Das freut nicht nur Kunstfreunde, sondern auch die Politik. Die hatte dem Hafen eine Mischung aus Wohnen, Gastronomie und Gewerbe, Kunst und Kultur zu gleichen Teilen verordnet: eine Idee, die aufzugehen scheint. Bereits im Sommer 2010, zwei Jahre vor der endgültigen Fertigstellung, liegt der Wohnanteil bei fast 31 Prozent.

Nun aber weiter auf dem Mittelboulevard Richtung Harry-Blum-Platz, zurück also zum Ausgangsort. Linker Hand, gegenüber der Wohnwer(f)t, schimmert ein Bürohaus golden in der Sonne: das Kontor 19.

Blick ins Innere des Bayenturms mit seiner Bibliothek. Der Innenausbau wurde von den Kölner Architekten Gatermann und Schossig gestaltet. Ein „Himmelsauge" sorgt für Beleuchtung von oben, filigrane Stahltreppen und an der Decke aufgehängte Galerien für Transparenz und Leichtigkeit.

Das Kontor 19 ist das Chamä-
leon im Hafen. Bei Sonne
strahlt die Fassade in gleißen-
dem Gold, bei schlechtem Wetter wirkt sie eher grau (oben).
Nebenan hat die Firma Quirren-
bach Grauwacke einen Show-
room eingerichtet.

Kontor 19

Das Kontor im Baufeld 19 ist das dritte Gebäude, dessen Entwurf aus dem Büro Gatermann und Schossig stammt. Auffallend sind vor allem die Paneele zwischen den Fenstern. Sie wurden in Neuseeland hergestellt. Durch ein spezielles Ätz- und Eloxierverfahren wurde ihnen eine grafische Struktur eingeprägt. Je nach Licht wechseln sie ihr Erscheinungsbild von Gold bis Dunkelgrau. Das Gebäude selbst ist klar strukturiert. Nur zum Bayenturm staffelt sich das sechste Geschoss mit Rücksicht auf das historische Gebäude. Trotzdem bleibt Platz für 5 200 Quadratmeter Nutzfläche. Interessant ist die Klimatechnik: Die Kühlung der Räume funktioniert über ein von den Architekten mitentwickeltes Lüftungs- und Beschattungssystem, das Licht und Luft je nach Bedarf hinein- oder herauslässt.

Den größten Teil des Gebäudes hat das Telekommunikationsunternehmen Congstar gemietet. Eine Weile befand sich im Erdgeschoss eine künstlerisch gestaltete Gastronomie, die „Congstar Lounge". Als das Unternehmen weiter wuchs, schloss es die öffentliche Kantine, um dort weiteren Raum für Büros zu schaffen. Sehr zum Bedauern vieler Mitarbeiter, Besucher und Bewohner. Wer Lust hat, kann hier noch einmal die Boulevardseite wechseln. Gegenüber findet sich „Rheingenuss", eines der wenigen Ge-

schäfte im Rheinauhafen. Spüli und Toilettenpapier gibt es nicht, dafür ist der Laden ein Eldorado für Gourmets. Hier finden sich hausgemachte Antipasti, wechselnde Mittagsgerichte und Eingemachtes für den Abend. Dazu Käse, Schinken, Öle, Weine und Champagner.

Wir gehen weiter die Wohnwer(f)t entlang, kommen ganz langsam zurück zum Ausgangsort am Hafenamt.

Tiefgarage und Geschäfte

Bevor Sie mit dem Auto nach Hause fahren, ist es an der Zeit, noch ein paar Worte über die Tiefgarage zu verlieren. Um Schutz vor Hochwasser und Platz für 2 100 Autos zu schaffen, wurde das Gelände auf einer Länge von 1,6 Kilometern um 1,20 Meter angehoben. So entstand die längste Tiefgarage Europas, nach einer Garage in New York die zweitlängste weltweit. Drei Zufahrten stehen zur Ein- und Ausfahrt zur Verfügung: am KAP am Südkai, am Hafenamt und am Baufeld 21. 31 gläserne Auf- und Abgänge führen die Fußgänger hinauf oder hinunter. Entworfen hat sie Hadi Teherani. Wann immer es dem Architekten möglich war, hat er die Belüftungsanlage in die Aufgänge integriert.

Damit sich jeder, auch auswärtige Besucher und Touristen, leicht zurechtfinden, sorgt ein Farbschema ober- und unterirdisch für Orientierung. Im Boden eingelassene LED-Schienen weisen auch im Dunkeln den Weg. Gerade mal 15 Monate Bauzeit brauchten zweihundert Bauarbeiter, um den Bau fer-

So schön kann Technik sein: Im Innern steckt die Belüftung für die Tiefgarage, von außen spiegelt sich im glänzenden Edelstahl der Hafen wider.

Die Tiefgarage ist mit 1,6 Kilometern die längste Europas und die zweitlängste der Welt. Eine längere gibt es nur in New York. Die Kölner bietet 2 100 Autos Platz. Ein spezielles Farbkonzept, hier der blaue Bereich, hilft ober- und unterirdisch den Weg zu finden. Wegen ihrer Übersichtlichkeit wurde sie vom ADAC mit einem ersten Preis ausgezeichnet.

Rechte Seite: Die neuen Stars, die Kranhäuser. Drillinge, aber keine eineiigen.

tigzustellen. Doppelwandelemente aus Beton mit einer Dicke von 40 Zentimetern bewirken, dass die Tiefgarage im Falle eines Hochwassers nicht vollläuft, sondern wie eine Art getauchtes U-Boot reagiert. Wenn sie ab zehn Meter Kölner Pegel auch nicht mehr zum Parken zur Verfügung steht, soll so doch verhindert werden, dass ihr dasselbe Schicksal widerfährt wie einst dem Schürmann-Bau in Bonn. Der war schon im Rohbau beim ersten Hochwasser komplett vollgelaufen. Der Rechtsstreit um Schadenersatz und die Fertigstellung des Baus dauerten Jahre.

Wo die Bewohner im Fall des Falles ihre Autos lassen, wird noch überlegt. „Wir könnten auf dem Messegelände einen Parkplatz anmieten und von dort einen Busshuttle zum Hafen anbieten", überlegt Franz-Xaver Corneth. Bisher ist der Ernstfall nicht eingetreten.

Vom Hafenamt zum

2

Schokoladenmuseum

Wo süße Träume auf goldene Dächer treffen

Die Ausleger des südlichen
Kranhauses aus der Froschper-
spektive mit Lampe und Wolken
(oben). Nachtschicht: Im Kranhaus 1 schuften Anwälte bis
spät in die Nacht für die Man-
dantschaft. Stempel und Mittel-
teil des mittleren Kranhauses
nach Sonnenuntergang.

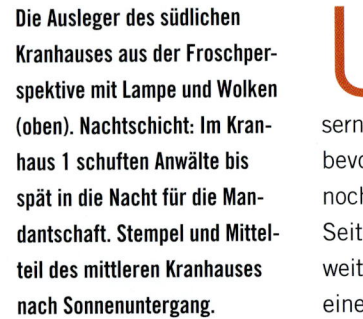

Unsere zweite Tour beginnt ebenfalls am Hafenamt. Sie führt uns auf direktem Weg zu der
Attraktion des Rheinauhafens: den Kranhäusern. Unter ihnen hindurch wandern wir an alten, liebevoll restaurierten Lagerhallen rechter Hand und
noch nicht fertiggestellten Neubauten auf der linken
Seite zur Nordspitze der Halbinsel. Hier wartet eine
weitere Attraktion auf uns: das Schokoladenmuseum –
eines der beliebtesten Privatmuseen in ganz Deutschland. Der Weg zurück führt über das einzigartige Sport und Olympia Museum am
Rhein entlang wieder zum Hafenamt. Die
Tour dauert etwa eine Stunde.

Die Kranhäuser

Vom Hafenamt aus schlendern wir über
den vor uns liegenden Platz. Er ist nach
dem ehemaligen Oberbürgermeister Harry
Blum benannt. Der CDU-Politiker starb nur
vier Monate nach seiner Wahl im März
2000 an einem Herzinfarkt. Harry Blum
war der erste direkt gewählte OB Kölns. Ihm
folgte Fritz Schramma (CDU), der 2009 von
Jürgen Roters (SPD) abgelöst wurde.
Das Hafenamt im Rücken, sehen wir sie
rechts vor uns: die Kranhäuser. Die neuen

Wahrzeichen Kölns. Symbole für das moderne, transparente und weltoffene Köln. Obwohl sie fast 100 Meter niedriger sind als der Kölner Dom (157 Meter), stehlen sie ihm – je nach Blickwinkel – die Show.

Die Geschichte der Kranhäuser – sie begann 1992. Damals hatte die Stadt einen städtebaulichen Ideenwettbewerb ausgelobt. Gleich zwei Architekten, der Hamburger Hadi Teherani und der Trierer Alfons Linster, hatten eine ähnliche Idee. Beiden schwebten Häuser vor, die in ihrer Form an hafentypische Krane erinnern. Beide Wettbewerbsentwürfe wurden mit einem ersten Preis ausgezeichnet. Ein weiterer Entwurf war das Ergebnis eines gemeinsamen Workshops im Frühjahr 1993.

Der Name für die neuen Häuser stand schnell fest: Kranhäuser. Wie hoch sie aber sein sollten, wie breit, ob sie in den Rhein hineinragen sollten oder nicht – darüber wurde lange diskutiert. Am Ende sind sie 61,91 Meter hoch, 33,75 Meter breit und mit zwei Auslegern ausgestattet, die in 36,15 Metern Höhe 47,66 Meter bis zur Kaimauer ragen.

Es war die Umsetzung der Pläne, die Statiker und Architekten vor eine gigantische technische Herausforderung stellte. Schnell stellte sich heraus, dass der rheinseitige Stempel für Wind sehr anfällig war. Im Versuch entstanden Rotationsschwingungen, die so stark waren, dass sie für die Bewohner unangenehm geworden wären. Auch waren die gesetzlichen Auflagen für die Sicherheit bei Erdbeben nicht erfüllt. Die Statik musste so ausgelegt werden, dass mehr Stabilität erreicht wurde.

Die Arbeiten begannen 2002 mit dem Bau der Tiefgarage. Damals wurde zeitgleich das Fundament für die Kranhäuser gelegt: eine kombinierte Pfahl-Platten-Gründung. In über 20 Meter tiefe Bohrlöcher wurden 64 Pfähle verankert, später dann die ein Meter dicke Bodenplatte auf 2,70 Meter aufbetoniert. Die Platte

Das Hafenamt ist fast immer zu sehen. Hier blitzt es zwischen dem Kranhaus Süd und dem mittleren Kranhaus hervor, wurde von der Severinsbrücke aus aufgenommen. Die Proportion ist keine optische Täuschung. Dominierte früher das Hafenamt das Gebiet, musste es seine Rolle an die Kranhäuser abgeben.

verbindet die beiden Stempel der Kranhäuser und sorgt für Stabilität. Federführend für die Entwicklung war das Kölner Büro IDK Kleinjohann.

Bei den Kranhäusern sollte ursprünglich eine Stahl-Fachwerk-Konstruktion zum Tragen kommen. Doch sie erwies sich für die Abfangung der frei schwebenden Riegel als zu schwach. Hohe Anforderungen an den Brandschutz ließen sich zudem nicht wirtschaftlich durchführen. Deshalb entschieden sich Kleinjohann und Teherani für eine Bauweise, wie man sie sonst nur aus dem Brückenbau kennt.

Rückgrat der Häuser sind die zwei Aufzugschächte im Hauptkern. In einer Höhe von 36,15 Metern ragen die Ausleger Richtung Rhein. Beide Riegel ruhen auf einem 31,16 Meter langen Brückentragwerk. Im Sockel beider Riegel verlaufen je drei Spannbetonlängs- und ein -querträger. Sie sind über drei Meter hoch und bis zu 1,80 Meter breit. Jeden einzelnen Träger durchlaufen gebündelte hochfeste Stahlseile, im Fachjargon heißen sie Stahlspannlitzen, die mit Hilfe hydraulischer Hubpressen vorgespannt wurden. Durch das 150 Meganewton schwere Gewicht – so viel wie 15 000 Ford Fiestas wiegen –, werden die vor dem Betonieren überhöhten Träger in eine waagerechte Position gedrückt und ein Durchhängen des Auslegers verhindert.

Das gesamte Gewicht der oberen Geschosse wird über den kleinen Stempel aufgenommen. Rheinseitig befinden sich an ihm die beiden Panoramaaufzüge. Auf der Innenseite des Stempels liegt das Nottreppenhaus. In den drei Häusern sind jeweils zwischen 2 400 und 2 600 Tonnen Beton und pro Haus noch einmal 60 bis 70 Tonnen Spannstahl verarbeitet worden – so viel Betonstahl, wie beim Bau von 530 bis 580 Einfamilienhäusern benötigt wird. Trotz all dieser Maßnahmen sind die Bewohner vor leichten Schwankungen nicht gefeit: Die oberen Etagen des Auslegers haben bei

Rund trifft eckig. Unter den Auslegern sorgen diese drei Lüftungsschächte für frische Luft in der Tiefgarage.

Linke Seite:

Beton trifft Glas. Fast scheint es, als würde der transparente Stempel von den mächtigen Auslegern in die Mangel genommen. Angst haben muss man nicht. Der Stempel ist in der Tiefgarage fest verankert, dient den Auslegern als Stütze.

Wind oder Erdbeben bis zu fünf Zentimeter Spiel.

Bei den Arbeiten kam weltweit zum ersten Mal hochfester Beton als Massenbeton (C 60/75) zum Einsatz. Allein im Kranhaus Süd wurden 1 200 Kubikmeter dieses Betons verbaut. Damit gab es im Rheinauhafen zum zweiten Mal nach 1909 eine Premiere um den vielseitigen Baustoff. Damals war das Siebengebirge weltweit der erste Getreidespeicher, der aus Beton gegossen worden war.

Betrachtet man die Kranhäuser aus der Nähe, stellt man schnell fest, dass sie zwar Drillinge sind, aber keine eineiigen. Dies liegt auch an der unterschiedlichen Nutzung der Gebäude: zwei sind Bürohäuser, eins ein Wohnhaus. Schauen wir uns die Gebäude im Einzelnen an. Ende 2006 wurde mit dem Bau des mittleren Kranhauses (Kranhaus 1) begonnen, im Mai 2007 mit dem südlichen Kranhaus (Kranhaus Süd). Der Einsatz des hochfesten Betons erlaubte den Architekten dieses Hauses eine flexiblere und großzügigere Gestaltung der Grundrisse im Bereich des Empfangs und zahlreicher Nebenräume. Auch der Kern konnte etwas schlanker gestaltet werden als beim Kranhaus 1. In allen Häusern dient der schlanke Stempel als Treppenhaus.

Wer mit dem Rücken zum Haupteingang des südlichen Kranhauses steht, Richtung Rhein blickt und

„Himmel un Ääd." Diesen Blick gibt es nur bei den beiden südlichen Kranhäusern. Beim Wohn-Kranhaus „Pandion Vista" sind die beiden Ausleger miteinander verbunden. So wurde in luftiger Höhe Platz für ein großzügiges Atrium geschaffen.

den Stempel emporschaut, entdeckt zwischen 9. und 14. Etage an der inneren Außenfassade eine Reihe von Turmspringern – eine fünfteilige Sequenz, in der sich ein Mann nach dem Absprung vom Brett in die Höhe schraubt und nach einem Salto rückwärts im Wasser landet. Das Objekt stammt von dem Pop-Art-Künstler Werner Berges. In Auftrag gegeben wurde es von den Anwälten der

Kanzlei Freshfields Bruckhaus Deringer. Sie nutzen den größten Teil des Hauses und haben die Turmspringer dauerhaft installieren lassen.

Wie in allen Häusern im Rheinauhafen, befindet sich auch in den Kranhäusern im Erdgeschoss Raum für Gewerbe. Im Süden hat das Bistro „Leone" nach dem Umzug aus der Wohnwer(f)t ein neues Zuhause gefunden. Auf vergrößerter Fläche bietet Simone Muller ihren Gästen nicht nur Süßes, sondern auch kleine, sehr feine Mittagsgerichte an. Nebenan hat Stadtführerin Ana Maria Bermejo ein Büro bezogen. Von hier bietet die studierte Architektin Rundgänge durch den Hafen an. Kleine und große, für Laien und Fachleute aus aller Welt.

Im April 2010 hat der Deka-Immobilienfonds das Kranhaus Süd von der Joint Venture-Gesellschaft aus „moderne stadt" und Deutsche Immobilien AG für rund 65 Millionen Euro gekauft.

Gehen wir weiter, kommen wir zum Kranhaus 1. Wie der südliche Bruder hat auch dieses 17 oberirdische und ein unterirdisches Geschoss. Die Büroflächen sind 315 bis 630 Quadratmeter groß, von der 10. bis 14. Etage sogar bis zu 1 900 Quadratmeter. Hauptmieter ist die Kölner Anwaltskanzlei CMS Hasche Sigle. Die

Drillinge sind sie, aber keine eineiigen. Das Wohn-Kranhaus unterscheidet sich vor allem durch seine Fassade von den Geschwistern. Nur dieses Kranhaus besitzt Balkone. Mindestens einen hat jede Wohnung. Je nach Lage lässt sich von hier die Kölner City mit ihren Kirchen, Rhein und Messe oder das ferne Siebengebirge bewundern.

Wirtschaftsexperten haben sich mit 250 Mitarbeitern auf 6 000 Quadratmetern über vier Etagen eingerichtet. Im Erdgeschoss betreibt Top-Möbelhersteller Dreipunkt einen Show- und Verkaufsraum – den einzigen in Deutschland.

Wer genau hinschaut, sieht am unteren Rand des Auslegers ein LED-Lichtband. Nur leuchten darf es nicht. Selbst dezente Leuchtreklamen sieht der strenge Gestaltungsplan der HGK nicht vor. Entwickelt wurde dieses Kranhaus vom Düsseldorfer Projektentwickler Development Partner AG, Generalunternehmer war die Hochtief Construction AG. Das Projektvolumen betrug rund 50 Millionen Euro.

Kommen wir zum dritten Drilling, Pandion Vista. Dieses Kranhaus unterscheidet sich nicht nur durch seine Funktion von den Geschwistern. Das nördliche Kran-

Wer hier so formvollendet in die Fluten eintaucht, wissen wir leider nicht. Es wird für immer das Geheimnis von Werner Berges bleiben. Der bekannte Pop-Art-Künstler erschuf den Turmspringer. Nur wer direkt unter dem Kranhaus Süd steht und weit nach oben guckt, entdeckt die fünfteilige Sequenz des Sprungs.

haus ist ein reines Wohnhaus, Balkone inklusive. Weil die Geschosse für diesen Zweck nicht ganz so hoch sein müssen, hat das Wohn-Kranhaus drei Etagen mehr als die Geschwister. Durch dieses zusätzliche Gewicht musste die Statik für dieses Haus neu betrachtet werden. Zur Gewichtsreduktion wurde in den Geschossdecken daher auch Leichtbeton verwandt.

Die Abfangebene liegt hier bereits im 11. Obergeschoss. Im Staffelgeschoss befinden sich vier Penthäuser. Im Gegensatz zu den Bürogebäuden sind die Brückenriegel im Wohn-Kranhaus durch ein Atrium miteinander verbunden. Alle 133 Wohnungen zwischen 60 und 400 Quadratmetern sind mit Balkonen ausgestattet. Selbst auf Lagerräume müssen die Bewohner nicht verzichten. Sie befinden sich nicht im Keller, sondern sind in der 11. Etage unter dem Atrium angeordnet.

Lange hatte Pandion-Chef Reinhold Knodel – er entwickelte auch das Siebengebirge – überlegt, ob es richtig ist, auf dem einstigen Güterumschlagplatz in ein Luxus-Wohnhaus mit einem Verkaufsvolumen in Höhe von 76 Millionen Euro zu investieren. „In dem Kranhaus wurde extrem viel Luft verbaut", sagte er einmal. Bereut hat er das Wagnis, nicht jeden lukrativen Zentimeter zu verbauen, trotzdem nie. Im Mai 2010 waren alle Wohnungen inklusive der Gewerbefläche im Erdgeschoss verkauft. Höchstpreise von 8 000 Euro pro Quadratmeter wurden erzielt. Zu den Käufern sollen der Fußballer Lukas Podolski und Maler-Fürst Gerhard Richter zählen. Sie alle dürfen nicht nur einen einzigartigen Blick genießen, sondern auch jede Menge Luxus. Ein Concierge-Service ist rund um die Uhr für die Bewohner da. „Er kümmert sich um die Post, koordiniert Handwerker, besorgt Blumen und Geschenke oder sucht einen Privatkoch", verrät Knodel.

Die ursprüngliche Planung sah vor, die Kranhäuser in den Rhein hineinzubauen. Aus technischen und finanziellen Gründen wurde diese Idee verworfen. Trotzdem stehen sie nah am Wasser. So nah, dass manch Arbeitgeber schon um die Konzentrationsfähigkeit seiner Angestellten bangt. Immer dann, wenn sich leicht bekleidete Damen auf den Poller Wiesen sonnen, schauen Mitarbeiter nicht in Akten, sondern auf das gegenüberliegende Ufer. Bei der Stadtverwaltung häufen sich Anträge, das Nacktbaden an dieser Stelle zu verbieten.

Die Kranhäuser – sie sind die Leuchttürme des Rheinauhafens, ihre einzigartige Architektur lockte schon vor Fertigstellung Besucher aus der ganzen Welt. Im März 2009 wurde das Kranhaus 1 auf der internationalen Immobilienmesse in Cannes in der Kategorie „Business Centre" mit dem Mipim-Award ausgezeichnet – dem Oskar der Immobilien-Welt.

Wir gehen weiter und lassen die Gebäude auf der rechten Seite zunächst links liegen. The Bench sowie die Hallen 11 und 12 haben mehr Charme, wenn man sie vom Wasser aus betrachtet. Das werden wir auf dem Rückweg tun. Schauen wir also Richtung Yachthafen. Hier befinden sich die letzten Baufelder des Rheinauhafens, die noch bebaut werden.

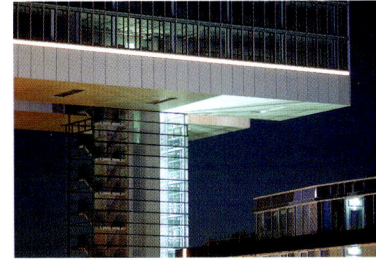

Baufeld 10

Zwischen Kranhaus Süd und Kranhaus 1 liegt Baufeld 10. Hier wird nach Plänen des Kölner Büros Gatermann und Schossig ein sechsgeschossiges Bürogebäude errichtet, das zum Yachthafen ausgerichtet sein wird. Das Besondere an diesem Haus ist nicht nur das Energiekonzept: Sein Verbrauch soll 45 Prozent unter dem von der Energieeinsparverordnung geforderten liegen. Alle sichtbaren Technikaufbauten befinden sich nicht wie üblich auf dem Dach, sondern sind in den Baukörper integriert. Damit wird das Dach zur fünften Fassade. Worüber sich vor allem die Bewohner der Kranhäuser beim Blick auf das Dach freuen dürften. Im Erdgeschoss des Gebäudes sind Ladenflächen geplant, darüber Büros. Insgesamt sollen 5 200 Quadratmeter Fläche zur Verfügung stehen, die Kosten betragen rund 20 Millionen Euro. Mit Dörte Gatermann verpflichtet Bauherr „moderne stadt" eine Architektin, die sich im Rheinauhafen bestens auskennt. Nach der Erweiterung des Hafenamtes, dem Ausbau des Bayen-

Das Kranhaus 1 bei Nacht. Leuchtbänder aus vielen tausend LED-Lämpchen sollen die Konturen des Auslegers betonen. Eine Richtlinie verbietet diese Art der Beleuchtung. Was die Inhaber des Kranhauses nicht gerade fröhlich stimmt. Meistens bleibt ihr Leuchtband dunkel.

Auch so kann ein Kranhaus aussehen. Aber nur, wenn die untergehende Sonne auf die Glasfassade des Hauptkerns trifft.

Linke Seite:
Vor lauter Treppenhaus könnte man Kran und Severinsbrücke aus dem Auge verlieren.

turms und der Planung von Kontor 19 ist Baufeld 10 das vierte Projekt von Dörte Gatermann im Kölner Rheinauhafen. Baubeginn war im Sommer 2010. Und noch ein Gebäude in Köln stammt aus ihrer Feder. Der LVR-Turm auf der anderen Seite des Rheins.

Wenn die gläserne Fassade zum Spiel wird, findet sich im Stempel des südlichen Kranhauses schon mal das Hafenamt wieder. Samt Harry-Blum-Platz. Keine Spiegelung ist der Rhein mit den Schiffen. Er ist Realität.

Im Zollhafen (Baufeld 6)

Auf den nächsten „Bekannten" stoßen wir ein paar Meter weiter, im Baufeld 6. Das Grundstück liegt zwischen Kranhaus 1 und Wohn-Kranhaus, gegenüber Halle 12. Hier wird Bernd Römer mit seinem Partner Stephan Kögeler (römer partner architekten) ein weiteres Wohnhaus bauen. Einschnitte und Arkaden an den Hauszugängen strukturieren das Gebäude zur Mittelachse. Ein starker Rahmen sorgt für eine schöne Verbindung zur Ostseite. Großformatige Öffnungen an den Giebeln lassen das Gebäude skulptural erscheinen. Zum Wasser, der Sonnenseite, kragt das Haus ab dem ersten Obergeschoss etwa einen Meter über die Flucht der benachbarten Kranhäuser und öffnet sich mit Loggien vollständig zum Yachthafen. Verschiebbare Falt-Klapp-Elemente schützen die Bewohner vor neugierigen Blicken. Über dem Gebäude liegt versteckt ein Staffelgeschoss. Die Fassade besteht aus geschlämmten Ziegelsteinen, das Staffelgeschoss aus Beton, der mit Metall verkleidet wird, hochwertig und farblich auf den Farbton der Ziegel abgestimmt. 22 Wohnungen zwischen 80 und 220 Quadratmetern werden entstehen. Die Bruttogeschossfläche beträgt 4 700 Quadratmeter. Nach Wohnwer(f)t und Pier 15 ist „Im Zollhafen" das dritte Gebäude, das Römer im Rheinauhafen baut.

Baufeld 4

Sobald die Arbeiten für das Wohn-Kranhaus abge-
schlossen sind, kann mit der Bebauung des letzten freien Grundstücks im Rheinauhafen begonnen
werden: Baufeld 4, zwischen Severinsbrücke und
Wohn-Kranhaus gelegen. Bis zum Schluss diente es
als Logistikfläche für die Baufirmen. Entstehen wird
hier ein kombiniertes Wohn- und Bürohaus mit einer
Fläche von 7 800 Quadratmetern. Im Juni 2010 bekam das Düsseldorfer Büro Rhode Kellermann Waw-
rowsky den Zuschlag. Im Erdgeschoss sind Geschäfte
und ein Restaurant geplant. Im Süden, um zwei Treppenhauskerne organisiert, entstehen Wohnungen in
West-Ost-Ausrichtung. Sie werden zwischen 115 und
205 Quadratmeter groß und mit flexiblen Grundrissen
ausgestattet sein, die Deckenhöhe beträgt überall drei
Meter. Die Balkone sind zum Yachthafen ausgerichtet.
Auch die Büros sind um zwei Treppenhauskerne angeordnet. Pro Geschoss sind ein bis vier Nutzungsein-
heiten möglich.

Zukunftsmusik. Flächen werden
im Rheinauhafen nicht ver-
schenkt. So wundert es nicht,
dass auch die Grundstücke
zwischen den Kranhäusern zum
Yachthafen hin bebaut werden.
Drei Gebäude werden hier in
den nächsten Jahren entstehen.
Im Erdgeschoss wird in allen
Platz für Gastronomie und
Büros sein. Die oberen Etagen
werden dem Wohnen vorbehalten sein. Auch hier waren lange
vor Baubeginn die ersten Eigentumswohnungen verkauft.

Vorherige Doppelseite:
So nah liegen Arbeit und Frei-
zeit im Rheinauhafen beieinander. Blick vom Kranhaus 1 auf
das RheinauArtOffice.

An der Spitze des Rheinauhafens wacht St. Nikolaus.
Binnenschiffer bangen, dass
selbst ihr Schutzpatron vor der
süßen Verführung nicht gefeit
ist, ab und zu vom Sockel
steigt und am Schokobrunnen
nascht.

VD-Office

Über den Mittelboulevard schlendern wir weiter unter der Severinsbrücke hindurch. Linker Hand, zwischen Yachthafen und Sportmuseum, sehen wir das „VD-Office Rheinauhafen", ein Gebäude, an dem seine Besitzer zunächst nicht viel Freude hatten. Erst kündigte der Hauptmieter wegen finanzieller Probleme, dann gab auch der Gastronom, ein bekanntes Frankfurter Unternehmen mit ehrgeizigem Konzept und Spitzenkoch seine Pläne auf und zog sich – samt Inventar – aus Köln zurück. Das Gebäude selbst entstammt der Feder des Kölner Architekturbüros Kottmair. Trotz seiner Größe mit knapp 8 000 Quadratmetern wirkt es dank Glasfassade transparent und einladend. Der Gastronomie-Bereich mit schöner Terrasse und Blick auf das Schokoladenmuseum kann vom Bürotrakt unabhängig betrieben werden. Ein Investor wird gesucht, gemunkelt wird von einer Kooperation eines Kölner Brauhauses mit einem Düsseldorfer Gastronomen.

Das Schokoladenmuseum

Wir gehen am Sportmuseum rechter Hand vorbei und spazieren schnurstracks auf das beliebteste und bekannteste Gebäude im Hafen zu: das Schokoladenmuseum. Anfang der 1990er Jahre erwarb der Kölner Schokoladenfabrikant Dr. Hans Imhoff (1922–2007), viele Jahre Inhaber der Schokoladenfabrik Stollwerck, das Gelände samt Drehbrücke und ehemaligem Hauptzollamt und gab den Bau des Museums in Auftrag. Dass dies so kam – eigentlich ein Zufall. Als die Schokoladenfabrik 1975 nach Porz umzog, stießen Imhoffs Mitarbeiter auf jede Menge „Plunder". Doch bevor sie ihn auf den Müll werfen konnten, schritt der Chef ein. Der „Plunder" – das waren Raritäten rund um Schokolade, die Imhoff auf seinen Reisen aus aller Herren Länder mitgebracht hatte. Sie bildeten den Grundstock für sein 53 Millionen DM (27 Millionen Euro) teures Museum, das er am 31. Oktober 1993 eröffnete. Wie ein Schiff liegt das Museum seitdem an der Spitze der Rheinau-Halbinsel: Ein transparenter Bau aus Aluminium und Glas, der von Teilen des ehemaligen Hauptzollamtes flankiert wird. „Wir wollten den Bau möglichst weit zurücknehmen, zugunsten des Inhalts, damit sich alles, was mit Schokolade zu tun hat, voll entfalten kann", erklärt der Architekt, Professor Fritz Eller. Ein Konzept, das aufging. Über 700 000 Besucher kommen jährlich, machen das Schokoladenmuseum zu einem der erfolgreichsten Privatmuseen Deutschlands. Seit 2006 ist Lindt-Sprüngli Partner. Imhoffs Witwe arbeitet bis heute als Geschäftsführerin des Museums: „Ich versuche, das Erbe meines Mannes fortzuführen und das Museum beständig zu modernisieren und weiterzuentwickeln", sagt sie. Begeistert vom Museum sind nicht nur Kinder. „Es gibt ja heute kaum mehr Gelegenheiten, die Produktion von Schokolade aus der Nähe betrachten zu können", begründet das Museum die ungebrochenen Besucherströme. Doch es gibt noch andere Gründe für einen Besuch: den Schokoladenbrunnen zum Beispiel, von dem jeder naschen darf. Die spannende Entdecker-Tour durch den hauseigenen Regenwald. Oder

Blick auf den Haupteingang des Schokoladenmuseums. Überbleibsel des alten Zollamtes sind in den Neubau integriert. Dazwischen lädt der Biergarten „Hafenterrasse" zum Verweilen ein.

Vor dem Bürotrakt des Schokoladenmuseums machen Basketballer aufs benachbarte Deutsche Sport und Olympia Museum aufmerksam. Es liegt nur eine Wurfweite entfernt.

Wie ein Schiff liegt das Schokoladenmuseum im Rheinauhafen. Die runden Fenster erinnern an Bullaugen. Das Geländer auf dem Oberdeck an eine Reling. Touristen genießen von hier die Aussicht. Bei Verliebten kommt Titanic-Feeling auf.

die herrliche Aussicht vom Panorama-Restaurant. Selbst ein Trauzimmer mit Blick auf Dom und Rhein steht Brautleuten auf der Beletage zur Verfügung.

Geöffnet: Di–Fr 10–18 Uhr, Sa, So und an Feiertagen 11–19 Uhr
Eintritt: Erwachsene 6,50 Euro, ermäßigt 4 Euro. Kinder unter 6 Jahren sowie Geburtstagskinder zahlen keinen Eintritt. Führungen nach Vereinbarung
Info: Tel. 0221/93 18 88-0, www.schokoladenmuseum.de

Die Nordspitze der Halbinsel

Um die Tour fortzuführen, müssen wir um die Nordspitze herum. Gehen wir am Schokomuseum in nördliche Richtung, sehen wir eine große Treppe nach oben und links daneben einen schmalen Pfad.

Welchen Weg Sie nehmen – beide haben ihre Reize, Sie haben die Qual der Wahl. Folgen wir zunächst dem unteren Weg. Durch die großen Scheiben gewinnt man einen ersten Eindruck vom Museum. Trefflich lassen sich von hier aber auch die Besucher beobachten. Kaum einer, der nicht vom Schokoladenbrunnen nascht. Gehen wir weiter um das Museum herum, erwartet uns auf der Rheinseite mannshoch eine Figur. Es ist St. Nikolaus, hier in seiner Funktion als Schutzpatron der Seefahrer. Nicht wenige Skipper lassen ihm vor der großen Fahrt ein Schnäpschen zukommen.

Nehmen wir an der vorherigen Gabelung die Treppe, gelangen wir nach 61 Stufen auf die Panorama-Terrasse auf dem Dach des Museums. Wie der Bug eines Schiffes liegt sie hoch über dem Rhein. Es gibt wohl keinen Platz im Hafen, an dem ein schöneres Titanic-Feeling aufkommt als ganz vorne auf der Panorama-Terrasse. Aber auch der Ausblick ist herrlich: einerseits auf Dom und Altstadt, andererseits auf den gesamten Rheinauhafen mit seinen Bauten. Ganz gleich ob wir den schmalen Weg oder die Treppe nutzen – wir kommen immer am Biergarten des Schokoladenmuseums an. Mit Blick auf den Rhein lässt es sich hier trefflich verweilen.

Athleten brauchen Pflege. Vor dem Start bekommt ein Läufer den letzten Schliff.

Die Lagerhallen

Vom Schokoladenmuseum aus machen wir uns langsam auf den Rückweg. Diesmal führt der Weg am Rhein entlang. Es geht vorbei an drei Gebäuden, die einst zu den wichtigsten des Hafens zählten und durch einen Zaun vom restlichen Teil des Geländes abgetrennt waren: Es sind die Zollhallen 1, 2 und 3, auch Lagerhallen 10, 11 und 12 ge-

2

nannt. So wichtig waren sie den Stadtvätern, dass auch für sie 1893 ein Architektenwettbewerb ausgelobt wurde. Ihn gewann der Kölner Bernhard Below. Er erhielt den Auftrag, drei Lagerhäuser im neugotischen Stil zu errichten. Als wichtigste Hafenstadt mit ihrem einzigartigen Panorama sollte der neue Hafen mit Hafenamt, Hauptzollamt und Zollhallen an die Blütezeit Kölner Geschichte erinnern. Alle drei Hallen wurden im Krieg stark zerstört und nur teilweise wiederaufgebaut.

Schon als aktiver Sportler ist er Legende: der Ausnahme-Basketballspieler Dirk Nowitzki. Seine Körbe haben ihm früh einen Ehrenplatz im Sport und Olympia Museum beschert.

Halle 10 / Deutsches Sport & Olympia Museum

Kurz vor der Severinsbrücke liegt Halle 10. Wo einst französische Weine, orientalische Tabake und fernöstliche Gewürze lagerten, befindet sich heute das Deutsche Sport und Olympia Museum. Halle 10 war eines der ersten Gebäude im Rheinauhafen, das eine neue Nutzung bekam. 1997 beauftragte Projektentwickler „moderne stadt" den Kölner Architekten Walter von Lom, aus der stark zerstörten Lagerhalle das Sport und Olympia Museum zu entwickeln. Historisches wurde sorgfältig restauriert und um moderne Technik wie das gläserne Treppenhaus oder den internen offenen Aufzug ergänzt. Wie die anderen Hallen bestand auch ihre Fassade aus Tuffziegel und Haustein, Kriegsschäden waren meist durch Basaltsteine ausgebessert worden. Die helle, fast sauber wirkende Fassade hat das Museum heute einer Aktion von Auszubildenden der Gebäudereiniger-Innung zu verdanken. Sie befreiten die alten Steine in einer einmaligen Aktion von Dreck und Staub – freiwillig und kostenlos.

Wer Zeit hat, macht einen Abstecher ins Museum. Auf 2 000 Quadratmetern und zwei Etagen wird hier 2 500 Jahre Sportgeschichte erlebbar. Ob die ersten sportlichen Wettbewerbe in der Antike, die Anfänge englischer Ballspielarten oder die Erziehung zu körperlicher Ertüchtigung durch Turnvater Jahn – ausgelassen wird in diesem Museum nichts. Ausschnitte aus einem Film von Leni Riefenstahl thematisieren die Olympischen Spiele unter der Nazi-Diktatur 1936 in Berlin. Auf Originalsitzen können die Zuschauer die Spiele in München 1972 noch einmal erleben. Spiele, die so fröhlich begannen und mit der Geiselnahme israelischer Athleten und dem Tod von 17 Menschen so grausam endeten. Natürlich gibt es auch fröhliche Aspekte im Sportmuseum. Die Erfolge von Boris Becker und Steffi Graf, Henry Maske oder Michael Schumacher. Wer möchte, kann auch selbst aktiv werden. Auf Sandsäcke eindreschen oder auf dem Museumsdach bei feinster Aussicht eine Runde kicken. Und danach auf der Rheinterrasse bei Kölsch, Kaffee und leckerem Essen den Blick genießen.

Oder man bricht zu einer kleinen Schiffspassage auf. Ab dem Sportmuseum lädt die Kölntourist Personenschifffahrt zu Rundfahrten ein. Erwachsene zahlen 7,30 Euro, ermäßigt 3,70. Auch nach Rodenkirchen geht's ab hier. Die einfache Fahrt kostet 2,80 Euro (ermäßigt 1,50).

Ein Höhepunkt bei Jung und Alt gleichermaßen: der Rennwagen, in dem Michael Schumacher zum zweiten Mal Weltmeister wurde.

Geöffnet: Di–Fr 10–18 Uhr, Sa, So und an Feiertagen 11–19 Uhr
Eintritt: Erwachsene 6 Euro, ermäßigt 3 Euro, Familienkarte 14 Euro. Führungen nach Vereinbarung
Info: Tel. 0221 / 336 09-0, www.sportmuseum.info

Auf wenigen Quadratmetern
drängen sich die übermächti-
gen Kranhäuser, lassen The
Bench und Wohnwer(f)t fast
wie Spielzeughäuser aussehen.

In Halle 11 wohnt man zur
Miete. Gratis ist das Tuckern
der Schiffe – und der Geruch
nach Schiffsdiesel (oben).
Das Deckengewölbe allein ist
ein Besuch im Erdgeschoss
von Halle 11 wert.

Halle 11

Gehen wir weiter Richtung Süden, kommen wir zur nächsten Halle. Zollhalle 2 oder Halle 11. Sie war das Prunkstück im Zollhafen. „Wer genau hinschaut, entdeckt sogar Ähnlichkeiten mit dem Gürzenich", meint der ehemalige Kölner Stadtkonservator Dr. Hans-Werner Zawisla. Nicht zwei, sondern fünf Geschosse war sie hoch, 122 Meter lang und 21 Meter tief, dazu voll unterkellert. Doch von der ursprünglichen Halle waren auch hier nach Krieg und Bränden nur Fragmente übrig. Spektakulär sind die Rundsäulen in vier Reihen mit Würfelkapitellen und die gemauerten Kreuzrippengewölbe im Erdgeschoss. Die Kölner Architekten JSWD gewannen den Wettbewerb zur Umgestaltung. Aus dem alten Lagerhaus sollte ein modernes Wohn- und Bürohaus werden. Nord-, Süd- und West-Fassade durften nicht verändert werden. Sie stehen unter Denkmalschutz. Wie die Architekten diese Herausforderung meisterten, lässt sich am besten sehen, wenn man das Gebäude vom Ufer aus betrachtet. In die alte Fassade setzten die Architekten ein gläsernes Implantat mit Wintergärten und Balkonen, das die ursprüngliche Fassade um zwei Staffelgeschosse überragt. Wer genau hinschaut, sieht, dass in der Fassade eineinhalb Balkone fehlen. Ein Tribut an Kran Nummer 14. Nur durch diese bauliche Maßnahme konnte er vor dem Gebäude seine letzte Position beziehen – schön restauriert, versteht sich. Auf dem Dach sind Terrassen eingerichtet.

Während das Erdgeschoss mit seinen gut 2 000 Quadratmetern Handel und Gastronomie und weitere 3 700 Quadratmeter für Büronutzung zur Verfügung stehen, ist ein Großteil des Gebäudes mit 7 250 Quadratmetern fürs Wohnen reserviert: 68 Mietwohnungen zwischen 60 und 270 Quadratmetern gibt es. Sie sind zwar auch nicht ganz billig, aber die einzigen Mietwohnungen im gesamten Rheinauhafen! Die Kosten für den Umbau betrugen 35 Millionen Euro, Investor war die Provinzial Rheinland Versicherung aus Düsseldorf. Wir gehen weiter am Rheinufer entlang. Wer sich vorbeugt, sieht die sorgfältig gemauerte Kaimauer. Sie umgibt den gesamten Hafen, ist über elf Kilometer lang. Ihre Steine stammen aus der ehemaligen Befestigungsmauer der Stadt. Für Schiffer, die hier festmachen, gibt es immer wieder Treppenaufgänge. Auch sie sorgfältig in Stein gehauen. Schwere Ketten dienten als Reling, gaben Kapitänen und Matrosen Halt. Heute sind sie durch das einheitliche, relingartige Geländer aus Stahl ersetzt.

Wenn Sonnenstrahlen auf den Wellen tanzen, spiegeln sie sich in den Fenstern von Halle 11.

Halle 12 / Portus Pristinus 12

Von unten sind sie nicht zu sehen. Die Dachterrassen der Bewohner von Halle 12 haben die Architekten ins Dach geschnitten.

Zwischen Wohn-Kranhaus (Pandion Vista) und Kranhaus 1, in direkter Rheinnähe, liegt Halle 12. Auch sie ist eine ehemalige Lagerhalle, die im Krieg und auch danach gelitten hat. Wer genau hinschaut, erkennt, dass die Basaltbögen teilweise gesprengt wurden. Ursache war die große Hitze, die bei einem Feuer nach dem Krieg entstanden war. Erhalten geblieben sind auch hier die Kreuzgewölbe sowie ein steinernes Rettungstreppenhaus. Stahlstützen, sogenannte Gerber-Träger und Holzbalken, die in einem Wohnhaus als Träger nicht mehr zulässig sind, haben die Denkmalschützer ausbauen und in die Wohnungen einbauen lassen. Funktionslos, aber trotzdem ein Stück Ge-

Jede Menge Phantasie bewiesen die Architekten, als sie aus der alten Lagerhalle ein Gebäude mit exklusiven Eigentumswohnungen machten. Damit jede zum Rhein hin eine Terrasse bekommen konnte, wurde der Halle ein Dach aufgesetzt. In Maja-Gold.

schichte und von den Bewohnern heiß geliebt. Für den Umbau verantwortlich ist der Kölner Architekt Juan Pablo Molestina (Molestina Architekten). Die Fassade hat er erhalten, dem Gebäude aber trotzdem ein ganz anderes Äußeres verliehen. Er hat der alten Halle ein goldenes Dach aufgesetzt. Maja-Gold, um denkmalschutz-genau zu sein. Am schönsten schimmert es, wenn die Morgensonne darauf scheint. Bei genauer Betrachtung entdeckt man, dass das Gold im unteren Bereich viel intensiver strahlt. Das liegt daran, dass es dort einen Unterbau hat. Im oberen Bereich verkleidet es nur eine leere Hülle.

18 exklusive Eigentumswohnungen befinden sich in dem Gebäude. Sie sind 88 bis 190 Quadratmeter groß, gehen über zwei oder drei Etagen. Die Preise lagen zwischen 4 900 und 5 350 Euro pro Quadratmeter. Alle Wohnungen haben Rhein- und Domblick. Auch wenn sich letzterer manchmal nur aus dem Fensterchen in der Abstellkammer erahnen lässt.

Verkauft ist mittlerweile auch das Erdgeschoss. Den Zuschlag bekam der Einzelhändler Michael Marquardt. Der Self-Made-Millionär, der sein Geld erst mit dem Möbeldiscounter Roller, dann mit Granitküchen und nun mit Ledersesseln und -sofas im Direktvertrieb verdient, ist einer der größten Fans des Rheinauhafens. Hier hat er auch eine Wohnung bezogen. Im Sommer erwarb er das Erdgeschoss des Wohn-Kranhauses. Vielleicht, um auch hier Ledermöbel anzubieten. Wenn er nicht noch einen anderen Einfall bekommen sollte.

The Bench

Am Rhein entlang geht es zurück Richtung Hafenamt. Rechter Hand liegt das letzte Gebäude auf unserer Tour: The Bench. Ein Bürohaus, in dem Spiele eine zentrale Rolle spielen. Denn Hauptmieter ist die deutsche Niederlassung von Electronic Arts, EA – der weltgrößte Hersteller von Computerspielen. Geplant wurde das sechsstöckige Bürogebäude mit 7 000 Quadratmetern Nutzfläche von den Hagener Architekten Bahl & Partner. Gebaut wurde es in der Rekordzeit von 14 Monaten, Eröffnung war im Oktober 2007. Nicht nur Mitarbeitern, sondern jedermann steht die „EA-Sports Bar" mit Rheinterrasse offen. Wer Lust hat, kann hier essen, trinken, Fußball gucken. Oder sich mit seinem Nachbarn unterhalten. „Wir wollen Begegnungsstätte für den gesellschaftlichen Dialog sein", sagen die Betreiber.

Quer über den Harry-Blum-Platz geht es zurück zum Hafenamt. Wer mag, startet mit uns von hier die dritte und letzte Tour durch den neuen Rheinauhafen.

Die Deutschland-Zentrale von Electronic Arts hat sich schnell zum Magnet für junge Leute entwickelt. Im Sommer treffen sie sich auf der Terrasse der „Sports Bar", trinken Kölsch und Cola, gucken Fußball und fachsimpeln über die neuesten Computerspiele.

Für die Mitarbeiter ist die Dachterrasse reserviert. Hier sind der Kreativität keine Grenzen gesetzt.

3 | Vom Hafenamt zum Art'otel

Vorherige Doppelseite:
Industrieromantik keimt unter
dem Halbportalkran Nr. 5 mit
Blick auf das Hafenamt auf.
Umrahmt von modernster Ar-
chitekturkunst: links das Kranhaus Süd und rechts Pier 15.
Doch zuletzt lacht das Hafenamt – klammheimlich hat es
sich verdoppelt. Es wird von
der Sonne beschienen und
spiegelt sich in der Fassade
des Kranhauses wider.

Von Kunst, Filmstars und Silicon Valley

Auch unsere dritte und letzte Tour starten wir am Hafenamt. Zum ersten Mal verlassen wir den Hafen und laufen ein Stück über die Rhein-uferstraße. Auf unserer Strecke liegen das Bürogebäu-de Pier 15, das Kunsthaus Rhenania, die Micro-soft-Niederlassung im RheinauArtOffice, das Art'otel, die Drehbrücke und der Biergarten „Hafenterrasse" am Malakoffturm. Zurück führt der Weg am Yachtha-fen vorbei zum Hafenamt. Ein Hafen, der nicht nur wegen seiner Lage zwischen Rhein, Dom, Altstadt und Kranhäusern einzigartig ist. Hier schrieben auch schon Schiffe Geschichte. Wer sich auf der Tour das Einkeh-ren verkneift, braucht für den Rundgang etwa eine Stunde.

Es scheint, als lägen Severins-
brücke und der Turm von Groß
St. Martin auf dem Sockel von
Pier 15.

Pier 15

Vom Hafenamt biegen wir links ab Richtung Rhein-uferstraße. Vor uns liegt Pier 15. Ein Bürohaus, das aus zwei Teilen besteht – beide sechs Geschosse hoch, beide mit einer Nutzfläche von 7 000 Quadrat-metern. Auffällig ist nicht nur die äußere Form. Un-gewöhnlich ist auch die Anordnung der Gebäude. Sie stehen sich trapezförmig gegenüber, so dass in der Mitte ein großzügiger Trichter entsteht, der sich zum Yachthafen öffnet. Wie Wohnwer(f)t und „Im Zollha-fen" entstammt auch Pier 15 der Feder von römer partner architekten. Wieder ist ein Gebäude entstan-

den, das sich selbst zurücknimmt und dennoch seine Wirkung nicht verfehlt. „Mit Respekt vor der denkmalgeschützten Bebauung in der Nachbarschaft sollte auch hier jede gestalterische Entscheidung durchdacht und hinterfragt werden", sagt Bernd Römer. Für die Außenfassade wählte er einen naturbelassenen portugiesischen Kalkstein in der Farbe „Creme Royal". Angeordnet wurde er im Schachbrettmuster. Über alle Etagen wechseln sich Stein und Fensterelemente im passenden Champagner-Ton ab. Nur dort, wo Konferenzräume liegen, wurde vom Schachbrettmuster abgewichen – form follows function. Wer das Gebäude aus der Nähe betrachtet, sucht Fugen (fast) vergeblich. „Alle Bauteile wurden sehr präzise verarbeitet und dann so stark gepresst, dass Übergän-

ge kaum wahrnehmbar sind", erklärt Römer.

Um unter Pier 15 Platz für eine Tiefgarage mit 50 Plätzen zu bekommen, wurde das Gebäude auf einen Sockel gestellt. Er dient gleichzeitig dem Hochwasserschutz und wurde mit denselben Steinen wie die beiden Häuser verkleidet. Die empfindliche Computertechnik befindet sich – auch dies aus Gründen des Hochwasserschutzes – im ersten Obergeschoss und wurde gestalterisch ins Fassadenbild integriert. Und auch ein alter Hafenkran hat vor Pier 15 seine letzte Station eingenommen. „Leider hat er die Nummer 5 und nicht die 15", lacht Architekt Römer. Nummer 15 gibt es auch, doch die parkt vor Halle 12.

Es gibt kaum einen Hafen, in dem die Bürogebäude so nah an der Kaimauer stehen wie in Köln. Was läge näher, als mit dem Boot zur Arbeit zu kommen. Noch sind im Yachthafen ein paar Liegeplätze frei. Wer kein eigenes Schiff hat, kann natürlich auch den Anleger der Kölntourist Personenschifffahrt vor dem Sportmuseum nutzen.

Genutzt wird Pier 15 von der ifb-Gruppe. Das Unternehmen wurde 1989 vom Kölner Horst Will gegründet. Es ist auf integrierte Unternehmens-, Finanz- und Risikosteuerung spezialisiert und bietet dafür betriebswirtschaftliche Beratung und Software-Lösungen. Ifb beschäftigt weltweit 450 Mitarbeiter, in Köln arbeiten rund 350. Für sie wurde im Erdgeschoss ein kleines Casino eingerichtet. Daneben liegen Empfangsräume, darüber Büros. Ganz oben, mit Blick auf Dom und Hafen, residiert der Vorstand.

Kunsthaus Rhenania

Wir verlassen den Hafen und biegen rechts in die Rheinuferstraße ein. Sie wurde in den vergangenen Jahren komplett neu gestaltet. Außergewöhnlich breite

Die Westfassade von Pier 15 von der Frühlingssonne in ein sanftes Rosa gehüllt mit dem Kölner Dom im Hintergrund.

Die Ostfassade von Pier 15 mit dem Halbportalkran Nr. 5 an seiner Seite. Zum Leidwesen des Architekten ist es nicht Kran Nr. 15. Der parkt vor Halle 12.

Rad- und Fußgängerwege sowie zahlreiche Bäume sorgen trotz großer Verkehrsdichte auf der Straße für eine hohe Aufenthaltsqualität. Nur wenige Meter vom Wasser entfernt, sehen wir rechts vor uns ein lang gestrecktes Gebäude in Altrosa: das Kunsthaus Rhenania. Bis in die 1920er Jahre diente es als Getreidespeicher, danach lagerte das Römisch-Germanische Museum hier archäologische Funde ein. 1987, nach dem Abriss des Kulturzentrums Stollwerck in der Südstadt, bezogen Künstler das Gebäude. 2003/04 wurde es durch die Häfen- und Güterverkehr AG saniert. Über 50 Künstler aus ganz verschiedenen Bereichen wie Fotografie, Film, Musik, Medien, Literatur oder Theater haben hier ein Zuhause gefunden. Sie arbeiten in Einzelateliers oder in Ateliergemeinschaften. Im April 2004 gründete sich der Verein „Bayenwerft Kunsthaus Rhenania e. V.". Sein Ziel ist es, die Arbeitsbedingungen für professionell arbeitende Künstlerinnen und Künstler zu verbessern und zu erhalten. Er unterstützt Kunstveranstaltungen, Ausstellungen und Konzerte. Wer einen Blick ins Rhenania werfen möchte, hat dazu viele Gelegenheiten. Im Erdgeschoss befindet sich ein Raum, in dem regelmäßig Ausstellungen stattfinden. Das Kunsthaus Rhenania nimmt aber auch an Veranstaltungen wie „Offene Ateliers", „Lange Nacht der Museen", „Instant Music Club" oder „tanz hautnah"

Installationsansicht: Prince Chav, von der Künstlerin Patrizia Marchese, 2008 bei der Gruppenausstellung „Variety of Kinds" im Kunsthaus Rhenania.

Das Kunsthaus Rhenania von der Rheinuferstraße aus gesehen. Erste Adresse für die Kölner Kunstszene.

teil. Für Furore sorgte die Ausstellung „Barcelona trifft Köln" 2005. Es folgte das Tanzprojekt „Dance meets differences" mit kenianischen und brasilianischen Tänzern im Mai 2006. 2007 gab es eine Kooperation mit Künstlern aus der niederländischen Provinz Brabant. Anlässlich der Eröffnung des Rheinauhafens am 16. Juni 2008 fand zum ersten Mal die „new talents biennale" statt. Der damalige Oberbürgermeister Fritz Schramma und der ehemalige Familienminister Armin Laschet waren ebenso gekommen wie Ex-NRW-Kultur-Staatssekretär Hans Heinrich Grosse-Brockhoff. Auch das Kunsthaus Rhenania mischte kräftig mit. So erfolgreich war die Veranstaltung, dass es im Sommer 2010 eine Neuauflage gab. Beteiligt war wieder das Kunsthaus Rhenania.

3

Vorherige Doppelseite:
Es ist der Mix aus Alt und Neu, der den Charme des Rheinauhafens ausmacht. Hingucker sind immer wieder die liebevoll restaurierten Krane. Wie hier zwischen Pier 15 und Kunsthaus Rhenania.

Es ist eines der eigenwilligsten Gebäude im ganzen Hafen: das RheinauArtOffice von Microsoft. Im Erdgeschoss wurde im Sommer 2010 das „Pier One" eröffnet und entwickelte sich im Nu zum Szenetreff.

Das RheinauArtOffice

Wandern wir ein Stückchen weiter Richtung Norden, kommen wir wieder zu einem modernen Gebäude. Steht man davor, mutet es wie ein überdimensionierter Monitor an. Und das ist kein Zufall. Im RheinauArtOffice hat Microsoft seine NRW-Zentrale eröffnet. So begeistert war das Unternehmen von Lage und Gebäude, dass es zwei Jahre vor Fertigstellung mit zweihundert Mitarbeitern den Umzug von Neuss nach Köln beschloss und bereits 2006 den Mietvertrag unterschrieb. Auf zwei trapezförmigen Grundstücken, etwa 4 000 Quadratmeter groß, entstand das Bürogebäude nach Plänen des Büros Freigeber in Zusammenarbeit mit dem Architekten Stephan Schütt, beide aus Köln. Zwei parallel verlaufende graue Fassadenbänder verbinden die beiden Baukörper und dienen

gleichzeitig als Rahmen für die gigantischen Glasflächen, die tagsüber nicht transparent, sondern eher tiefschwarz scheinen. Weil die Bänder selbsttragend sind, konnte auf Stützen komplett verzichtet werden. Damit ist ein offenes Raumkonzept mit freier Ost-West-Sicht an jedem Arbeitsplatz kein Problem. Wichtig, weil es im gesamten Microsoft-Gebäude keine Einzelbüros gibt. Auch der Chef arbeitet im Großraum. Zur Eröffnung des Hauses im April 2008 kam nicht nur lokale Prominenz aus Politik und Wirtschaft. Aus den USA reiste Microsoft-Boss Steve Ballmer an, genoss bei strahlendem Sonnenschein auf der Dachterrasse den Blick auf Dom und Hafen und verriet, dass er Köln und der Region seit 1964 sehr verbunden ist. Damals arbeitete sein Vater, ein gebürtiger Schweizer, bei Ford in Belgien, seine Tante lebte in Basel, Köln lag auf dem Weg. Seit Juni 2010 ist ein Teil des Gebäudes der Öffentlichkeit zugänglich. Im Erdgeschoss befindet sich seitdem das Restaurant „Pier One" mit großzügiger Terrasse zum Yachthafen. Willkommen ist jedermann, Angestellte von Microsoft und aus umliegenden Firmen bekommen Rabatt. Historische Fotografien an den Wänden erinnern an die Geschichte des Rheinauhafens.

Bauherr des Gebäudes war die RheinauArtOffice GmbH. Noch vor Fertigstellung verkaufte sie das sechsstöckige Gebäude mit seinen 14 200 Quadratmetern Nutzfläche an den schweizerischen Versicherungskonzern Swiss Life. Über den Kaufpreis wurde Stillschweigen vereinbart. Für die Stadtväter ist die Ansiedlung von Microsoft eine der wichtigsten der letzten Jahre. Sie hoffen auf eine Sogwirkung. In Windeseile wurden in der Umgebung, schräg gegenüber dem Microsoft-Gebäude auf der anderen Seite der Rheinuferstraße, Flächen ausgewiesen, die zu einem großen IT-Standort ausgebaut werden können – Silicon Valley am Rhein.

Microsoft im RheinauArtOffice bei Nacht. In diesem Unternehmen gibt es keine geregelten Arbeitszeiten. Die Computerspezialisten sind rund um die Uhr im Einsatz, vor allem wenn es darum geht, neue Produkte mit den Kollegen in den USA zu entwickeln oder zu besprechen. Videokonferenzen finden oft dann statt, wenn in der Firmenzentrale Tag und bei uns Nacht ist.

Das Art'otel

An der Nordspitze auf einem sehr langen und sehr schmalen Grundstück entstand das Art'otel. Erker in unterschiedlichen Pastelltönen nehmen dem Gebäude die Strenge. Der Dom im Hintergrund sorgt ganz schnell für Köln-Feeling.

Gehen wir unter der Severinsbrücke hindurch weiter Richtung Norden, gelangen wir zu einem der längsten und schmalsten Grundstücke des Rheinauhafens. Ein Filetgrundstück ist es trotzdem. Denn zusammen mit dem Schokoladenmuseum bildet es das Tor zum Rheinauhafen. Schnell stand deshalb fest, dass hier etwas Besonderes entstehen müsste: ein Hotel. 2003 gewann das Kölner Büro JSWD mit den Pariser Kollegen Chaix und Morel den Architektenwettbewerb. Später ging das Duo auch als Sieger im Wettbewerb um den Neubau des Kölner Schauspielhauses hervor. Doch realisiert wurden beide Entwürfe nicht. Im letzten Moment entschied sich der Berliner Investor Dirk Gädeke und Betreiber Park Plaza Hotels Europe für den Bau nach Plänen der Architektin Professor Johanne Nalbach (Nalbach + Nalbach Architekten, Wien, Berlin). Sie schaffte es, in dem 120 Meter langen und sechs Meter hohen Gebäude 218 Zimmer unterzubringen. Die Kollegen hatten es nur auf 180 gebracht. Die Kosten sollen bei 35 Millionen Euro gelegen haben.

Ein Hingucker ist das Art'otel auch so geworden. Von außen und von innen. Das Gebäude teilt sich in einen Nord- und einen Südflügel, die durch einen vertikalen Erschließungskern verbunden sind. Zurückhaltend wirkt die helle Betonfassade zur Rheinuferstraße. Auffällig sind hier lediglich die pastellfarbenen Fensterscheiben. Zum Rhein hin wird das Gebäude bunter. Hier springen farbige Erker vor. Wer durch den Eingang am Holzmarkt tritt, steht in einem lichtdurchfluteten Atrium mit 19 Metern

Höhe und direktem Blick auf den Strom. An den Wänden hängen großformatige und farbenfrohe Bilder – Werke der Baselitz-Schülerin SEO, die ursprünglich aus Korea stammt. Ihrer Kunst ist das Hotel gewidmet. Selbst die Badezimmer-Trennwände sind mit ihren Bildern bedruckt.

Geleitet wird das Hotel von einer Frau: Cordula Waldeck. Bereits ein Jahr vor der Eröffnung zog die Direktorin mit weltweiter Hotel-Erfahrung in einen Container neben die Baustelle. Damit auch ja nichts schief läuft. Nur einer ihrer Wünsche ist bisher nicht in Erfüllung gegangen. Zu gerne würde sie ihren Gästen Fahrten im Wasser-Taxi anbieten. Lange bevor es ein Boot gab, wurde ein Wettbewerb zur Namensfindung ausgelobt.

Wer Appetit hat, sollte einen Abstecher ins „Chino Latino" wagen. Im Restaurant oder auch auf der Terrasse mit Hafenblick verwöhnen Küchenchef Marcus Langsdorf und Restaurant-Leiterin Carla Steinmetz die Gäste mit einem Mix aus panasiatischer Küche und lateinamerikanischer Barkultur. Ein Mix, den es so sonst nur in London gibt.

Das Art'otel setzt nicht nur einen architektonischen, sondern auch einen farbigen Akzent.

Gut Lachen hat, wer ein Boot besitzt. Unter der Drehbrücke hindurch starten diese beiden zu einem abendlichen Ausflug auf dem Rhein.

Die Drehbrücke

Wir verlassen das Hotel und schlendern die Rheinuferstraße weiter Richtung Norden. Schräg rechts sehen wir eine hohe Statue: Es ist der Tauzieher. Seit 1911 steht er hier.

Eine Reihe von Skulpturen gibt es auf dem Gelände. Der Tauzieher ist eine der ältesten. Der starke Hafenarbeiter ist von Kopf bis Fuß aus Muschelkalk geschaffen. Schon beim Betrachten des kräftigen Kerls kommt der moderne Mensch ins Schwitzen und dankt den Erfindern moderner Technologien.

Zum ersten Mal wurde eine deutlich kleinere Version des Tauziehers in einer Ausstellung 1908 gezeigt. Kunst- und Hafenfreunde waren von der Skulptur so begeistert, dass sie sie als Blickfang für den Hafen haben wollten. Sie sammelten so viel Geld, dass Nikolaus Friedrich die imposante Version aus Muschelkalk erschuf. Die Stadt zahlte die Kosten für die Aufstellung des Tauziehers. Seitdem ist der große Nackte auf dem Poller Blickfang für die Besucher des Rheinauhafens. Gleich hinter dem Tauzieher sehen wir zwei in ihrer ursprünglichen Form erhaltene Bauwerke: die Drehbrücke und den Malakoffturm. Nach dem Malakoffturm war die Drehbrücke das erste Bauwerk, das im neuen Rheinauhafen am 5. August 1896 fertiggestellt wurde. Sie wurde als „ungleicharmige, hydraulisch bewegbare Drehbrücke" konzipiert. Den Krieg hat das zehn Meter breite Bauwerk fast unbeschadet überstanden und besteht so weitestgehend in seinem ursprünglichen Zustand. Um Gewicht zu sparen, wurde nur der kürzere Arm (18 Meter) mit Steinen gepflastert, der längere (21,30 Meter) mit Holz belegt. Heute bedeckt beide Seiten eine dünne Asphalt-Schicht. Mittlerweile steht die Brücke samt Drehwerk unter Denkmalschutz. 1986 wurde sie aufwendig saniert.

Gehen wir an der Drehbrücke vorbei, kommen wir zur „Hafenterrasse", dem Biergarten von Rodney Ranz und Oliver Diaz am Fuße des Malakoffturms. In die Schlagzeilen geriet der im Sommer 2010. Da mussten die beiden eine der größten Attraktionen entfernen: ihre Wurstbraterei. Die 56 Jahre alte und bundesweit bekannte Bude, an der die Tatort-Kommissare Ballauf und Schenk regelmäßig ihre Bratwurst essen, erschien den Denkmalschützern im schicken Hafen nicht mehr zeitgemäß. Die Bude und das benachbarte Karussell mussten weichen, eine neue Bude im historischen Gewand wurde aufgebaut. Seit Juni 2010 steht sie auf dem

Platz vor der Drehbrücke. Seitdem diskutieren Einheimische und Touristen über den Bürokratie-Wahnsinn in Köln und lassen es sich trotzdem schmecken.

Die Nordspitze des Rheinauhafens

Wer im Biergarten sitzt, kann einen alten Zeitgenossen nicht übersehen: den Malakoffturm. Schon als das benachbarte Hauptzollamt, dessen Reste nun im Schokoladenmuseum integriert sind, 1898 eröffnet wurde, hatte er seine Funktion verloren. Er war 1853 als Wehrturm errichtet worden und stand ursprünglich an der Spitze der Halbinsel. Mit dem Ausbau des Hafens wurde er Teil der Uferbebauung. Als der preußische Staat kurze Zeit später keine Verwendung mehr für ihn hatte, schenkte

er ihn der Stadt. Die erwies sich als einfallsreich und brachte im Turm die Technik für die Drehbrücke unter: eine Pumpstation, die 50 ATÜ Druck aufbaut, bis sich die hydraulischen Zylinder in Bewegung setzen. Bis heute ist die Technik im Malakoffturm untergebracht. Den Mann, der sie jahrelang bedient hat, gibt es allerdings nicht mehr. Imhoff ließ einen Motor einbauen, der Manneskraft überflüssig machte. Der Knopf, mit dem sich die Brücke öffnen lässt, befindet sich heute im Schokoladenmuseum. Mitarbeiter betätigen ihn auf Anforderung. Wer einen Blick durchs Fenster in den Malakoffturm wirft, gewinnt einen Eindruck von der historischen Technik. Er sieht aber auch, wozu der alte Turm sonst noch dient: Er bietet den Biergartenmöbeln ein trockenes Quartier.

Nach einem kleinen Ausflug steuert eine kleine Yacht den Hafen an. Sie passt locker unter der Drehbrücke hindurch. Andernfalls hätte ein Mitarbeiter im Schokoladenmuseum den Knopf drücken müssen, der den Mechanismus zum Öffnen in Gang setzt.

Einen milden Sommerabend genießen Kölner und Touristen auf der Terrasse des Biergartens „Hafenterrasse" am Fuße des Malakoffturms.

3

Der Yachthafen

Wir schlendern über einen engen gepflasterten Weg, der zwischen Hafenbecken und Art'otel beginnt, direkt an der Kaimauer entlang zurück zum Hafenamt. Linkerhand liegt der Yachthafen. Er ist Heimat des Kölner Autbord- und Motoryacht Clubs, Jahrzehnte einer der führenden Motorsportclubs in der Welt. Eigentlich hieß der Verein „Kölner Outbord-Club" in Anlehnung an die Erfindung der Außenbord-Motoren Anfang der 1920er Jahre in den USA. Doch die Nazis verboten die englische Schreibweise, deshalb wurde aus Outbord Autbord. Rund hundert Schiffe liegen im Yachthafen, nur einen Steinwurf von Dom und Altstadt entfernt. Die „MS Colorado" etwa, einst ganzer Stolz von Kölns Halbwelt-Größe Schäfers Nas: eine Schönheit von 22 Metern Länge, mit 328 PS, goldenen Wasserhähnen und künstlichem Kamin. So sehr hing Schäfers Nas an seinem Schiff, dass er ständig zwei Leute zur Bewachung abstellte. „Zu seiner Zeit hat es im Hafen nur einen einzigen Einbruch gegeben", erinnert sich Club-Präsident Karl W. Müller. Als es Diebe ein zweites Mal versuchten, wurden sie von den Wachleuten erwischt, ins Wasser geworfen und erst Stunden später wieder an Land gelassen. Sie kamen nie wieder. Nach dem Tod von Schäfers Nas 1997 wurde das Schiff versteigert. Müller ist einer der neuen Besitzer. Hier und da verleiht er die „MS Colorado" für Film-Aufnahmen. Erst im Sommer 2010 pflügte sie als Polizeiboot in der RTL-Serie „Cobra 11" durch die Wellen.

Manchen Wassersport-Fans ist der Hafen so ans Herz gewachsen, dass sie auf ihren Schiffen wohnen. Im Sommer und im Winter. Andere stranden hier, bleiben viel länger als geplant. Sie können von der Nähe zu Dom und Altstadt nicht genug bekommen. Dennoch sind ein paar Skipper von hier sogar zu Weltumrun-

Es ist wie ein Bild aus vergangenen Tagen. Boote dümpeln in der Abendsonne, das Hafenamt versprüht seinen südländischen Charme. Ein bisschen trutzig wirkt der Bayenturm. Und nur wer genau hinschaut, entdeckt die Moderne. Links neben dem Hafenamt blitzt ein Teil der neuen Fassade von Kontor 19 hervor.

dungen oder sehr weiten Reisen aufgebrochen. „Schließlich ist die Welt von Köln aus offen", weiß Vereinspräsident Müller.

Auch wenn es im Hafen ein Clubhaus gibt, Duschen und WC, Sommerkino und die einzige Schiffstankstelle zwischen Duisburg und Mannheim, so war die Anlage doch ein bisschen in die Jahre gekommen, passte nicht mehr recht zum schicken neuen

Rheinauhafen. Mit viel Manpower arbeitet der Verein nun daran, sie zu modernisieren. Die alten Planken, zusammengebastelte Pontons aus dem Zweiten Weltkrieg, werden gegen moderne Stege aus Aluminium mit Bankirai-Holz ausgetauscht. Befestigt sind sie an Teleskop-Dalben, die je nach Wasserstand rauf- und runterfahren. „Dieses Prinzip ist einmalig in der Welt", strahlt Müller. Wenn alles fertig ist, sollen im Yachthafen 180 Schiffe Platz finden.

Wir lassen „Colorado", „Liberty" und all die anderen Schiffe hinter uns und schlendern zurück Richtung Hafenamt. Linker Hand sehen wir die große Freitreppe. Bis zu ihr reichte vor dem Umbau das Hafenbecken. Um den Platz vor dem Hafenamt großzügig gestalten zu können, verkürzte die HGK das Hafenbecken um 40 Meter. Eine Maßnahme, die sich gelohnt hat. Wer auf den Betonplatten vor dem Hafenamt stehen bleibt, den erwartet eine weitere Attraktion. Wer nicht aufpasst, wird zum Abschluss unserer Tour von einer kalten Dusche überrascht. Ein Teil der Fläche wurde mit Düsen ausgestattet, durch die bei schönem Wetter Wasserfontänen spritzen. Zur Freude von Bewohnern und Touristen.

Urlaubsstimmung kommt auf, wenn man den Yachthafen bei Nacht betrachtet. Die leuchtenden Büros spiegeln sich im Wasser wider. Mit eigenem Geld, guten Ideen und viel Eigeninitiative haben die Betreiber des Yachtclubs Platz für neue Schiffe geschaffen. Bis 2012 werden zwischen den Kranhäusern drei weitere Wohn- und Bürohäuser entstehen. Erst wenn die fertig sind, können die Skipper ihr Idyll wieder voll und ganz genießen.

Ausblick

Es wird noch eine Weile dauern, bis auch der letzte Bagger, der letzte Kran den Rheinauhafen verlassen hat. Nach und nach, bis 2012, wird ein neuer Stadtteil fertig sein. Ein Veedel, in dem es keinen Wildwuchs gibt und (fast) keine Werbung. Vom Bodenbelag über Geländer und Beleuchtung bis zu Bänken, Lampen und Bepflanzung – nichts wird dem Zufall überlassen. Auch wenn die HGK Investoren Grundstücke verkauft, hat sie niemals die Hoheit über das Gelände abgegeben. Sie hat immer nur so viel Grund und Boden verkauft, wie für den Bau eines Hauses nötig war. Ein Konzept, das weltweit einzigartig ist.

Der Hafen, er wird sich weiterentwickeln. Mit den Bewohnern werden neue Geschäfte und Kneipen kommen. 2 500 Arbeitsplätze entstehen hier. Für eine bessere Verkehrsanbindung haben die Kölner Verkehrsbetriebe durch eine neue Haltestelle an der Severinsbrücke gesorgt. Noch nicht optimal ist die Anbindung an die Südstadt. Wer die Rheinuferstraße queren will, braucht Geduld. Vielleicht wird der Plan, zwei Fußgängerbrücken im Norden und im Süden zu errichten, ja doch noch Wirklichkeit. Wie der Traum von einem Bio-Wochenmarkt. Dann hätten auch die Südstädter einen weiteren schönen Anlass, den Rheinauhafen zu besuchen. Bis dahin locken Veranstaltungen wie „R(h)einlesen", „new talents" oder das Muschelfest ins neue Veedel.

Nach der Dusche entspannen diese beiden Touristen mit Blick auf Malakoffturm, Dreh- und Hohenzollernbrücke. Bei diesem Ausblick lassen sich trefflich Pläne für den Tag schmieden.

Rechte Seite:
Wer Häfen liebt, der muss einfach vom Harry-Blum-Platz aus an der Kaimauer entlang Richtung Norden spazieren. Linker Hand liegen so herausragende Gebäude wie Pier 15, rechts die Schiffe. Yachten, mit denen man sofort auf große Fahrt gehen könnte, Kähne, die Studenten ein Zuhause geben. Und Industriedenkmäler, die auf bessere Zeiten warten.

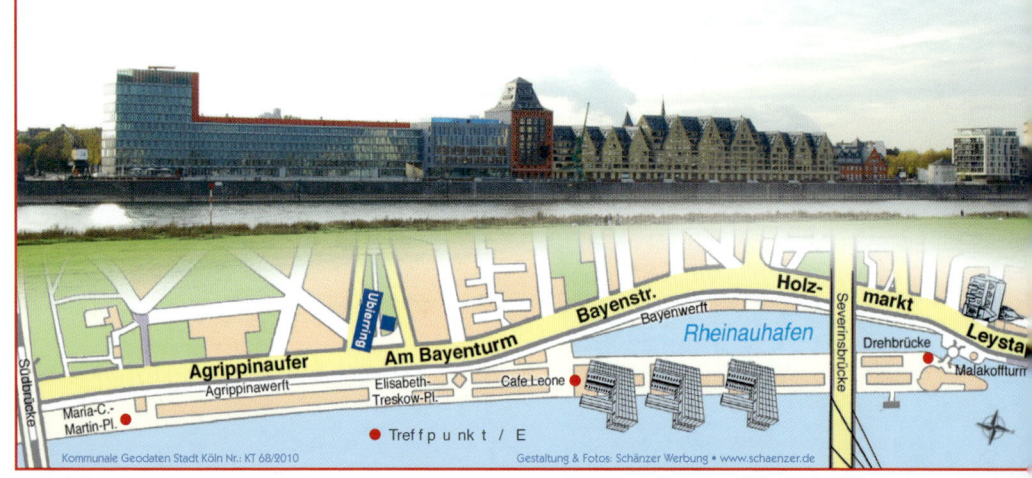

Das Schokoladenmuseum

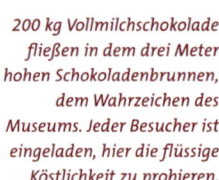

200 kg Vollmilchschokolade fließen in dem drei Meter hohen Schokoladenbrunnen, dem Wahrzeichen des Museums. Jeder Besucher ist eingeladen, hier die flüssige Köstlichkeit zu probieren.

Die Palette der Produkte aus dem Schokoladenmuseum reicht vom Osterhasen über Fußbälle, Putten und den Kölner Dom bis hin zu feinsten Trüffeln mit exquisiten Füllungen.